网络媒体环境下投资者行为与 IPO 定价研究

陈鹏程 著

中国财经出版传媒集团

经济科学出版社
Economic Science Press

图书在版编目（CIP）数据

网络媒体环境下投资者行为与 IPO 定价研究／
陈鹏程著．—北京：经济科学出版社，2018.6
ISBN 978 - 7 - 5141 - 9419 - 7

Ⅰ.①网… Ⅱ.①陈… Ⅲ.①投资行为 - 研究
②股票 - 价格 - 研究 Ⅳ.①F830.59 ②F830.91

中国版本图书馆 CIP 数据核字（2018）第 125190 号

责任编辑：白留杰　程新月
责任校对：杨　海
责任印制：李　鹏

网络媒体环境下投资者行为与 IPO 定价研究

陈鹏程　著

经济科学出版社出版、发行　新华书店经销
社址：北京市海淀区阜成路甲 28 号　邮编：100142
教材分社电话：010 - 88191309　发行部电话：010 - 88191522
网址：www. esp. com. cn
电子邮件：esp@ esp. com. cn
天猫网店：经济科学出版社旗舰店
网址：http：//jjkxcbs. tmall. com
北京财经印刷厂印装
710 × 1000　16 开　11 印张　160000 字
2018 年 8 月第 1 版　2018 年 8 月第 1 次印刷
ISBN 978 - 7 - 5141 - 9419 - 7　定价：35.00 元
（图书出现印装问题，本社负责调换。电话：010 - 88191510）
（版权所有　侵权必究　举报电话：010 - 88191586
电子邮箱：dbts@ esp. com. cn）

前　言

在互联网时代，网络媒体成为投资者获取信息的重要来源。针对IPO公司来说，由于曝光度低，关于公司的公开信息相对有限，网络媒体更具有其他主体所不能替代的重要作用。在无限信息、有限认知的现实条件下，网络媒体在向投资者传递信息的同时也引领了投资者的关注视角和价值判断，改变了投资者资产配置方式和证券需求关系，进而影响IPO股票的价格行为。因此，在网络媒体环境下研究投资者的行为与IPO定价的关系，探究网络媒体如何通过影响投资者行为来影响IPO定价以及异质性投资者怎样在IPO过程中进行互动，不仅具有重要的理论意义，而且对金融监管部门、投资者及IPO公司利益相关方也有较大的应用价值。

现有研究在分析网络媒体与IPO定价关系时，多数仅关注了网络媒体报道数量与IPO定价的关系，部分考察了网络媒体报道基调对IPO定价的影响，较少探讨网络媒体通过影响询价机构和个人投资者行为进而影响IPO定价的微观机制，尚没有涉及IPO过程中询价机构投资者与个人投资者的互动行为研究。本书试图从这一角度入手，首先考察网络媒体通过影响询价机构投资者行为进而影响IPO发行价的微观机制；其次研究网络媒体通过影响个人投资者行为进而影响IPO首日回报的内在机理；并进一步研究了机构投资者与个人投资者在IPO过程中的互动行为，以全面深刻理解网络媒体、投资者行为与IPO定价三者之间的逻辑关系。本书的研究内容和主要结论包括：

1. 在信息经济学及行为金融学理论的基础上，用随机变量描述网络媒体的信息结构，用贝叶斯原理更新投资者的价值信念，在中国 IPO 询价制度背景下，通过构建模型求解网络媒体环境下一级市场 IPO 发行价的均衡解，从理论上说明网络媒体影响 IPO 定价的内在机制。结果发现，IPO 发行价调整与询价机构投资者的私人信息与网络媒体报道信息正相关。询价机构投资者越"看好"IPO 公司或者网络媒体的非负面报道越多，IPO 发行价向上调整幅度越大；询价机构投资者越"看淡"IPO 公司或者网络媒体负面报道越多，IPO 发行价向下调整幅度越大。

2. 以百度新闻搜索作为网络媒体报道数据的来源，实证检验了询价阶段网络媒体报道量及报道倾向对 IPO 发行价的影响，并引入询价机构投资者深入探究其申购及报价行为在该影响中发挥的作用。研究发现，网络媒体的非负面报道能够提高 IPO 发行价，即 IPO 发行价相对于投资价值进行了向上的调整；而负面报道导致了 IPO 发行价进行向下的调整。网络媒体的这种对 IPO 发行价的作用效果主要通过询价机构投资者的参与和报价行为得以实现，即网络媒体的非负面报道能够提高询价机构投资者的参与热度和报价竞争程度，而负面报道却减弱了询价机构的参与热度并降低了他们的报价竞争程度。证实了"媒体信息—投资者行为—资产价格"的微观机理。

3. 根据 IPO 上市流程，实证研究两个阶段的网络媒体报道量及报道倾向对 IPO 首日回报的影响，并引入个人投资者探究其在 IPO 上市前参与申购行为和 IPO 上市首日买卖交易行为在该影响中扮演的角色。研究发现，两个阶段的网络媒体报道均与 IPO 首日回报正相关，且这种正相关关系主要是通过网络媒体的非负面报道引起的。网络媒体的非负面报道能够显著提高 IPO 首日回报，而负面报道虽然导致了 IPO 首日回报降低，但并不显著。网络媒体的这种对 IPO 首日回报的作用效果主要通过个人投资者事前（IPO 上市前）参与和事后（IPO 上市后）买卖交易行为得以实现。

4. 以网络自媒体东方财富网旗下的"股吧"中个人投资者发帖内

容为对象构建个人投资者情绪指标，对询价机构投资者和个人投资者在 IPO 过程中的互动行为展开实证研究。实证结果发现，个人投资者能够观察到询价机构投资者的申购及报价行为，并学习模仿询价机构投资者的行为，采取跟随策略，充分说明询价机构投资者的行为能够指导个人投资者的决策；询价机构投资者能够观察到个人投资者的情绪，并将个人投资者的情绪纳入到申购及报价过程中。

陈鹏程

2018 年 5 月

目　录

第1章　绪论 ……………………………………………… 1

1.1　问题的提出 ………………………………………… 1

1.1.1　问题的研究背景 ……………………………… 1

1.1.2　问题的研究目的 ……………………………… 4

1.1.3　问题的研究意义 ……………………………… 5

1.2　研究内容及结构安排 ……………………………… 8

1.2.1　主要研究内容 …………………………………… 8

1.2.2　结构安排 ………………………………………… 9

1.3　研究方法及技术路线 ……………………………… 10

1.3.1　研究方法 ………………………………………… 10

1.3.2　研究的技术路线 ………………………………… 11

1.4　主要创新点 …………………………………………… 12

第2章　理论基础与文献综述 ………………………… 14

2.1　媒体报道与资产价格相关理论 …………………… 14

2.1.1　媒体报道的信息中介功能与资产价格 ……… 14

2.1.2　媒体报道的监督治理功能与资产价格 ……… 20

2.1.3　媒体报道偏差与资产价格 …………………… 26

2.2　媒体报道与投资者行为相关理论 ………………… 31

2.2.1　媒体报道与投资者关注 ……………………… 31

　　　2.2.2　媒体报道与投资者情绪 ………………………… 37

　2.3　投资者行为与资产价格相关理论 ………………… 41

　　　2.3.1　投资者关注与资产价格 …………………… 41

　　　2.3.2　投资者情绪与资产价格 …………………… 46

　2.4　本章小结 ………………………………………… 49

第3章　网络媒体环境下 IPO 定价模型研究 ……………… 51

　3.1　引言 ……………………………………………… 51

　3.2　问题描述 ………………………………………… 55

　3.3　模型分析 ………………………………………… 57

　　　3.3.1　模型求解 …………………………………… 57

　　　3.3.2　结果分析 …………………………………… 61

　3.4　本章小结 ………………………………………… 66

第4章　网络媒体环境下机构投资者行为与 IPO 发行价
　　　　调整 ………………………………………………… 67

　4.1　引言 ……………………………………………… 68

　4.2　研究假说 ………………………………………… 69

　　　4.2.1　网络媒体报道与 IPO 发行价调整 ………… 69

　　　4.2.2　网络媒体报道影响 IPO 发行价调整的机理 … 71

　4.3　研究设计 ………………………………………… 76

　　　4.3.1　数据来源及样本选择 ……………………… 76

　　　4.3.2　变量定义 …………………………………… 79

　　　4.3.3　描述性统计 ………………………………… 81

　4.4　实证结果及分析 ………………………………… 84

　　　4.4.1　对假说 1 的检验 …………………………… 84

　　　4.4.2　对假说 2 的检验 …………………………… 87

　　　4.4.3　对假说 3 的检验 …………………………… 91

4.5　稳健性检验 ……………………………………………… 94

4.6　本章小结 ……………………………………………… 100

第5章　网络媒体环境下个人投资者行为与 IPO 首日
　　　　回报 ……………………………………………… 101

5.1　引言 …………………………………………………… 102

5.2　研究假说 ……………………………………………… 103

5.2.1　网络媒体报道与 IPO 首日回报 …………………… 103

5.2.2　网络媒体报道影响 IPO 首日回报的机理 ………… 107

5.3　研究设计 ……………………………………………… 112

5.3.1　数据来源及样本选择 ……………………………… 112

5.3.2　变量定义 …………………………………………… 113

5.3.3　描述性统计 ………………………………………… 116

5.4　实证结果及分析 ……………………………………… 118

5.4.1　对假说1的检验 …………………………………… 118

5.4.2　对假说2的检验 …………………………………… 120

5.4.3　对假说3的检验 …………………………………… 123

5.5　稳健性检验 …………………………………………… 126

5.6　本章小结 ……………………………………………… 130

第6章　网络媒体环境下机构及个人投资者互动行为
　　　　研究 ……………………………………………… 131

6.1　引言 …………………………………………………… 131

6.2　研究假说 ……………………………………………… 132

6.2.1　个体投资者观察到询价机构的申购及报价后的
　　　　行为 ……………………………………………… 132

6.2.2　询价机构观察到个人投资者情绪后的行为 ……… 133

6.3　研究设计 ……………………………………………… 135

6.3.1　数据来源及样本选择 ·················· 135

6.3.2　变量定义 ······················· 136

6.3.3　描述性统计 ······················ 138

6.4　实证结果及分析 ······················ 139

6.4.1　对假说 1 的检验 ··················· 139

6.4.2　对假说 2 的检验 ··················· 142

6.5　本章小结 ························· 143

第 7 章　结论 ···························· 145

7.1　主要结论 ························· 145

7.2　不足与展望 ························ 148

参考文献 ······························ 150

后记 ······························· 165

第1章 绪 论

1.1 问题的提出

1.1.1 问题的研究背景

信息经济时代，互联网是人们获取信息的重要平台。网络媒体的迅速普及，推动了信息传播的革命，信息的传播结构和模式发生了巨大的变化。在资本市场上，网络媒体引发了信息传播的"蝴蝶效应"，冲击着投资者固有的信息利用方式与投资理念，深刻影响着资本市场上的信息传递[1]。一方面，网络媒体延续了传统媒体的"社会公器"角色[2]，即通过对信息的搜集、加工和传播，网络媒体能够降低投资者搜集和处理信息的成本，向投资者提供多元化的观点，以期帮助投资者全方位地了解公司的真实经营状况；另一方面，网络媒体独特的互动性（股吧、论坛、微信等）使得投资者之间能够进行及时的信息交流，从而改变投资者的投资决策和行为范式，进而影响资本市场效率与金融生态环境。因此，深入研究网络媒体在资本市场中的作用不仅是金融学研究的重点话题，也是金融监管部门及政策制定者所面临的迫切问题。

在我国，以证券市场为代表的资本市场仍是一个信息高度不对称的市场。投资者尤其是中小投资者决策所需的各种资讯大部分是通过媒体尤其是网络媒体获得的。大量的研究表明媒体信息的发布能够影响资产定价。不但新信息的发布能够引发股票价格的变化，重复旧信息的报道同样能够引起股票价格、股票交易量、股票波动性及股票收益的变化。学者一般将这种媒体对资产价格产生的影响称为"媒体效应"。在资本市场上，网络媒体主要发挥三种效应：第一，信息中介效应。在生活节奏加快及信息资讯爆炸的时代，网络媒体以其及时、高效及互动的特征成为投资者获取信息的主要平台甚至依赖者。网络媒体通过信息披露和传播能够降低信息不对称程度，减少市场参与者的信息获取成本，从而增强市场的有效性。信息中介效应是网络媒体的基本功能。第二，导向效应。网络媒体在资本市场上不仅仅扮演着信息中介的角色，出于竞争的压力，网络媒体常以追踪的方式进行深度报道或以信息垄断的方式进行独家报道，可能为市场参与者提供了新的信息。同时，为了吸引受众，网络媒体在报道时往往突破"提供事实判断"的范畴，注入感情色彩，即往往会传递公司经营现状、未来发展、盈余预期以及股票投资建议或悲观或乐观的观点，呈现出独特的"媒体情绪"[3,4]。"媒体情绪"为投资者设定了进一步思考的议题和框架，引导投资者的注意力配置，进而影响投资者的主观判断和行为决策。第三，公司治理效应。网络媒体作为"第四权利"以其先天性的质疑和探究的特性，在公司治理中扮演着重要的角色，起到外部舆论监督作用[5]。网络媒体三种效应对投资者的行为决策和资本市场的有效运行都有重要的影响。因此，如何规范和引导网络媒体三种效应的有效发挥成为学者研究的热点问题。

在媒体与资本市场关系的研究中，必须提到投资者这个"中介"因素。媒体对资产定价及金融市场运行的影响是一个过程。在这个过程中，媒体发布的信息必须首先被投资者关注，否则，无论多么重要的信息，如果没有投资者关注，它将起不到任何作用；其次，被关注的信息必须能够影响投资者的情绪、信念等心理因素进而使投资者做出投资行为的改变；最后，投资者投资决策行为的变化才是引起资产价格变化的直接因素。网络新闻媒体无疑是通过影响投资者行为进而对资产价格产生影响的。事实上，可以把网络媒体发布的信息看成是一种"信号"，在这个"信号"市场，面对众多的鱼龙混杂的"信号"，投资者需要对这些"信号"进行关注、甄别和分析，筛选出投资者认为最具价值的"信号"。根据这些"信号"，投资者做出相应的投资行为。但由于投资者的身份不同，认知、分析和处理能力存在显著差异，同样的"信号"可能会得出截然不同的信息，从而引起相反的市场操作。因此，在研究网络媒体对资本市场的影响时，必须引入投资者这个"中介"因素，并依据身份的不同对投资者进行分类，将投资者分成机构和个人投资者，分别研究网络媒体信息对两类投资者的行为进而资产价格所产生的影响。

针对 IPO 公司来说，由于 IPO 公司的曝光度低，关于公司的公开信息相对有限，公司与市场外部参与者之间存在明显的信息不对称。网络媒体效应在 IPO 市场上应该表现得更为突出。对询价机构来说，由于他们本身具有较强的专业能力且在询价过程中能够获得更多未公开的信息，如承销商的投资价值研究报告，同时还可以与 IPO 公司进行交流以解答相关的疑惑，因而具有了公司价值的信息优势。然而对个人投资者来说，由于普遍缺乏搜集处理市场信息的专业能力，网络新闻媒体将成为他们主要的信息来源。受网络媒体情绪的影响，这些个人投资者对公司价值的判断可能产生系统性的偏差[6]。基于此，我们关心的问题是网络媒体发布的信息是否仍会影响理论上具有信息优势的机构投资者的行为，进而影响 IPO 定价机制。网络媒体报道的信息又是如何影响个人投资者的投资行为，进而影响 IPO 市场表现的。网络媒体的互动性使得个人投资者的观点、情绪和信念得以充分表达和展示，机构投资者是否会利用个人投资者的心理因素在询价过程中为自己谋利。个人投资者是否能够从询价机构投资者的参与和报价行为中提取到有价值的信息，进而影响自身的投资决策行为。纵观现有媒体与 IPO 市场的相关文献，尚缺乏对上述问题的系统性研究，尤其是在 IPO 过程中机构投资者与个人投资者的互动行为，目前研究仍处在空白阶段。

IPO 是企业发展中至关重要的一环，IPO 定价是否有效率是衡量资本市场是否健康的关键指标。投资者的行为是影响 IPO 定价效率的重要因素，在中国不完全的资本市场上投资者非理性行为可能超越公司本身成为左右 IPO 定价效率的关键因素。在无限信息、有限认知的现实条件下，网络媒体在向投资者传递信息的同时也引领了投资者的关注视角和价值判断，激发投资者的非理性行为，改变了投资者资产配置方式和证券需求关系，进而影响 IPO 股票的价格行为。因此，在网络媒体环境下研究投资者的行为与 IPO 定价的关系，探究网络媒体如何通过影响投资者行为来影响 IPO 定价以及异质性投资者之间怎样在 IPO 过程中互动，不仅是行为金融理论发展的要求，也是实现资本市场有效运行的现实需要。

1.1.2　问题的研究目的

本书探讨了网络媒体环境下投资者行为与 IPO 定价的关系，以期达到如下几个目的：（1）以信息经济学及行为金融学为框架，结合我国询价制的特征，通过构建模型求解网络媒体环境下一级市场 IPO 发行价的均衡解。从理论上说明网络媒体信息影响 IPO 定价的内在机制。虽然询价机构依据自身的专业能力并且在询价过程中能够获得更多未公开的信息（如承销商的投资价值研究报告），从而相对具有了信息优势。但媒体尤其是专业财经媒体通过长期跟踪调查能够为市场提供新的信息，本书认为，询价机构能根据网络媒体提供的新信息及时调整自身对 IPO 估值的信念。（2）对网络媒体环境下机构投资者（询价机构）行为对 IPO 定价机制的影响展开实证研究，以正确理解网络媒体信息对 IPO 定价机制影响的作用机理。本书认为，网络媒体信息会影响 IPO 发行价格的确定，并且这种影响是通过询价机构这个中介传导的。即网络媒体信息会通过影响询价机构的新股发行参与行为来间接影响 IPO 发行价格的确定。（3）对网络媒体环境下个人投资者行为对 IPO 定价效率的影响进行实证研究，以进一步加深理解个人投资者在网络媒体信息影响 IPO 定价效率过程中所起的作用。网络媒体信息会影响以 IPO 首日回报为代表的 IPO 定价效率，并且这种影响是部分通过个人投资者这个中介进行传导的。即网络媒体信息会通过影响个人投资者的投资行为来间接影响 IPO 定价效率。（4）对网络媒体环境下机构投资者和个人投资者在 IPO 过程中的互动行为展开实证研究，以全面理解机构与个人投资者的投资决策行为。本书认为，网络媒体的互动性使得个人投资者的观点、情绪和信念得以充分的表达和展示，机构投资者能够观察到个人投资者的这些心理因素进而在询价过程中做出对自己有利的行为。而个人投资者能够观察到询价机构在询价过程中的行为表现从而调整自己的投资行为。

1.1.3 问题的研究意义

在互联网时代，网络媒体成为投资者尤其是个人投资者的重要信息来源。网络媒体即可能是已有信息的公开者，也可能是新信息的发布者。同时还可能是公司治理的先行者或资本市场变化的预测者。网络媒体一方面通过信息传播的中介功能缓解了投资者和公司之间的信息不对称；另一方面网络媒体报道的倾向性改变了投资者的感性认知，调动了投资者的情绪，影响了投资者的价值判断和决策行为。同时网络媒体还能够主动发挥监督作用，通过新闻调查揭露公司的丑闻，为市场的健康运行做第一道的把关者。可见，网络媒体在资本市场中的作用愈加明显。具体到 IPO 市场，网络媒体更具有其他主体所不能替代的重要作用。因为针对 IPO 公司来说，由于曝光度低，关于公司的公开信息相对有限，网络媒体非正式制度角色的作用显得更为突出。因此，研究网络媒体对 IPO 定价的影响及造成这种影响的内在机理不仅丰富了媒体报道与投资者行为对资产价格影响研究的相关理论，也对金融监管部门的政策制定、投资者的投资行为及上市公司的运行决策提供实践基础。

（1）理论意义。

①拓展和深化了媒体关注与 IPO 市场相关领域的研究。媒体关注在 IPO 市场中扮演的角色和所起的作用已成为研究的热门话题。现有研究主要以传统财经媒体为研究对象，从媒体的信息披露媒介角度、媒体倾向性报道所产生的导向角度及媒体监督的公司治理角度，分媒体报道数量、媒体报道倾向两个方面研究媒体关注对 IPO 定价效率的影响。本书扩展和深化了该方面的研究：第一，在互联网时代，以投资者获取信息的主要依赖工具网络媒体为研究对象以避免单一的传统媒体可能忽略某些影响投资者行为决策的重要信息，使研究结果更加全面。第二，综合多个角度不仅从网络媒体报道数量、网络媒体报道倾向两个方面研究网络媒体对 IPO 定价效率的影响，而且深入探讨了这种影响的内在机制。

②根据 IPO 上市流程，分阶段研究网络媒体对 IPO 发行价确定及 IPO 定价效率的影响，为后续研究者探索了一种新的研究思路。现有文献大多数直接研究媒体对 IPO 定价效率（抑价或上市首日回报）的影响，较少分阶段考察。事实上 IPO 公司从过会到上市经历很长一段时间，而媒体报道具有一定的时效性，过早的媒体信息可能不会对后来的投资者产生影响。本书根据 IPO 上市流程分阶段进行研究以克服这一问题。具体来讲，在 IPO 发行价确定的最关键的询价阶段，研究网络媒体报道数量及报道倾向对 IPO 发行价的影响，并通过询价机构投资者这个"中介"因素说明网络媒体报道对 IPO 发行价影响的微观机理；在 IPO 初步询价截止日前一个月至网上申购截止日及初步询价截止日至上市前一日研究网络媒体对 IPO 定价效率（IPO 首日回报）的影响，并通过个人投资者这个"中介"因素说明网络媒体报道对 IPO 定价效率影响的微观机理。

③依据信息经济学及行为金融学理论，深入探讨网络媒体影响 IPO 定价的微观机制，为进一步加深研究媒体与 IPO 市场关系做出部分基础性工作。现有研究多数只关注了媒体报道与 IPO 定价及市场表现的关系，而没有深入研究这层关系背后所隐藏的内在机制。事实上，媒体发布的信息必须首先引起投资者行为改变，投资者行为的改变才能引起资产价格的变化，即媒体信息须通过投资者这个"中介"才能反映到资产价格上。因此，本书引入异质性的投资者即机构和个人投资者，分别研究网络媒体如何通过他们的行为变化进而影响 IPO 发行价及 IPO 首日回报率的。另外，还进一步研究了机构投资者与个人投资者在 IPO 过程中的互动行为，以加深理解 IPO 过程中投资者的投资行为。

（2）实践意义。

①为金融监管机构的政策制定提供支持。媒体具有信息中介、行为导向及公司治理的功能，媒体功能的有效发挥对于 IPO 市场健康发展意义重大。对于监管者而言，必须深入了解媒体功能发挥作用的方式及机理以出台相关的政策。同时加强对网络媒体的监督，使网络媒体发挥正常的功能，成为 IPO 市场信息发布的正常渠道和重要载体，防范公司与媒体合谋操纵新股定价损害投资者利益。

②有利于 IPO 公司信息发布的规范性。媒体通过深度跟踪调查可以发现公司存在的问题，并以丑闻的方式揭露出来。当投资者关注到这些信息，会减少对该公司股票的购买行为，使公司的经营业绩受到影响。因此，上市公司应该按照媒体信息影响投资者行为的原理提供及时、准确、有效的信息。否则，虚假记载和误导性陈述一旦被媒体曝光，受害的只能是上市公司本身。

③对投资者的具体投资决策提供外部支持。一方面有助于投资者理解网络媒体在 IPO 市场中的作用，并根据媒体发布的信息更新自己的价值信念，加深投资者对自身行为的认识。另一方面有利于提高投资者的思辨能力。网络媒体发布的信息量巨大，但同时噪声也多，通

过研究能使投资者更加谨慎和理性对待媒体报道的信息，以便从海量的信息中挖掘到真实有用的信息。

1.2 研究内容及结构安排

1.2.1 主要研究内容

本书研究网络媒体环境下投资者行为与 IPO 定价的关系。为此，基于现有研究文献，依据信息经济学和行为金融学理论，首先在询价阶段研究网络媒体报道对 IPO 发行价格的影响，并引入询价机构投资者深入分析其行为在这个影响过程中所起的作用；接着在 IPO 初步询价截止日前一个月至网上申购截止日及初步询价截止日至上市前一日两个阶段分别研究网络媒体报道对 IPO 首日回报的影响，并引入个人投资者深入分析其行为在这个影响过程中所起的作用；然后进一步对网络媒体环境下询价机构投资者和个人投资者在 IPO 过程中的互动行为展开研究。根据以上思路，将主要研究内容总结如下：

（1）结合我国询价制的特征，通过构建模型求解网络媒体环境下一级市场 IPO 发行价的均衡解。从理论上说明网络媒体信息影响 IPO 定价的内在机制。同时，为下面章节的实证检验提供理论支撑。

（2）以 2010 年 11 月至 2012 年 12 月在沪深交易所上市且披露网下具体报价情况的 IPO 公司为样本，以初步询价截止日前一个月百度新闻搜索作为网络媒体新闻数据的来源，实证检验了询价阶段网络媒体报道量及报道倾向对 IPO 发行价的影响，并引入机构投资者（询价机构）深入探究其参与申购及报价行为在该影响中发挥的作用。

（3）以初步询价截止日前一个月至网上申购截止日的百度新闻搜

索作为网络媒体新闻数据的来源，实证检验了发行公告日阶段网络媒体报道量及报道倾向对 IPO 定价效率的影响，并引入个人投资者（网上申购者）深入探究其申购行为在该影响中所起的作用。同时，以初步询价截止日至上市前一日的百度新闻搜索作为网络媒体新闻数据的来源，实证检验了该阶段网络媒体报道量及报道倾向对 IPO 定价效率的影响，并引入个人投资者（上市首日参与者）深入探究其交易行为在该影响中发挥的作用。

（4）对网络媒体环境下询价机构投资者和个人投资者在 IPO 过程中的互动行为展开研究。通过实证分析检验机构投资者是否能够预测到个人投资者的情绪并据此调整自身的申购和报价行为；而个人投资者是否也能根据询价机构的申购和报价行为更新自身关于公司价值的信念。

1.2.2　结构安排

研究内容共分为 7 章，具体每一部分安排如下：

第 1 章绪论。首先对研究背景进行分析，其次阐述了研究目的及理论和实践意义，接着介绍了主要研究内容、研究的方法和技术路线，最后给出了本书的创新点。

第 2 章理论基础和文献综述。本章通过相关文献梳理对基本概念及问题进行了分析；并着重就研究主题的逻辑关系从三个方面进行理论的详细综述：媒体报道与资产价格相关理论、媒体报道与投资者行为相关理论及投资者行为与资产价格相关理论。

第 3 章网络媒体环境下 IPO 定价理论模型推导。结合我国询价制的特征，通过构建模型求解网络媒体环境下一级市场 IPO 发行价的均衡解，从理论上说明网络媒体信息影响 IPO 定价的内在机制。同时，为下面章节的实证检验提供理论支撑。

第 4 章网络媒体环境下机构投资者行为与 IPO 发行价调整。主要实证研究询价阶段网络媒体报道量及报道倾向对 IPO 发行价的影响，并引入机构投资者（询价机构）探究其参与申购及报价行为所发挥的作用，提出"媒体信息—投资者行为—资产价格"的微观机理。

第 5 章网络媒体环境下个人投资者行为与 IPO 首日回报。实证检验了发行公告日阶段网络媒体报道量及报道倾向对 IPO 首日回报的影响，并引入个人投资者（网上申购者）深入探究其申购行为在该影响中所起的作用。同时，以询价截止日至上市前一日的百度新闻搜索作为网络媒体新闻数据的来源，实证检验了该阶段网络媒体报道量及报道倾向对 IPO 首日回报的影响，并引入个人投资者（上市首日参与者）深入探究其交易行为在该影响中发挥的作用。同样体现了媒体信息通过投资者行为影响资产价格的微观机理。

第 6 章网络媒体环境下机构及个人投资者互动行为研究。实证检验了在 IPO 过程中机构投资者能够根据"股吧"论坛网络发帖量及发帖内容观察到个人投资者的情绪并据此调整自身的申购和报价行为；而个人投资者能够观察到机构投资者的申购及报价行为从而做出自身行为的改变。

第 7 章结论。作为结尾之篇，系统归纳了本书所开展的主要工作及得出的主要结论，分析了研究尚存在的局限，并展望了进一步研究的方向。

1.3　研究方法及技术路线

1.3.1　研究方法

本书综合运用了文献分析法、理论建模法、系统分析法及计量经济学方法，对网络媒体环境下投资者行为与 IPO 定价问题进行研究。

（1）文献分析法。文献分析法是开展依托的基本方法。在开展本书工作时，充分利用重庆大学图书馆馆藏资源，特别是通过 Web of Science、中国知网、万方数据库等电子资源查阅大量相关文献，并依据需求购置了信息经济学及行为金融学的经典著作等，这为本书的选题和研究提供了丰富的文献资料和理论依据。依据研究的逻辑对媒体关注、投资者行为及资产价格这一研究领域进行了系统的梳理，厘清发展脉络，展示研究进展，做出在相关文献基础上的边际贡献。

（2）理论建模法。用随机变量描述网络媒体的信息结构，用贝叶斯原理更新投资者的价值信念，在中国 IPO 询价制度背景下，在均衡条件下推导出变量之间的关系，探讨了网络媒体环境下 IPO 发行价形成机制。

（3）系统分析法。在媒体报道、投资者行为与 IPO 股票定价关系研究中，媒体、机构投资者、个人投资者和 IPO 股票四者组成了一个相互关联、相互依存和相互制约的系统。基于系统思想，将网络媒体信息视为"信号"，而将机构及个人投资者视为"中介"因素，对网络媒体、机构投资者、个人投资者及 IPO 股票之间关系进行全面研究和统筹考虑。

（4）统计及计量方法。统计出机构投资者的报价调整、报价标准差及偏度，同时利用统计学的知识构建个人投资者情绪指标。利用经典的计量经济学的方法对网络媒体、机构及个人投资者行为及 IPO 定价之间的关系展开实证分析及稳健性检验。

1.3.2 研究的技术路线

本书的技术路线如图 1.1 所示。

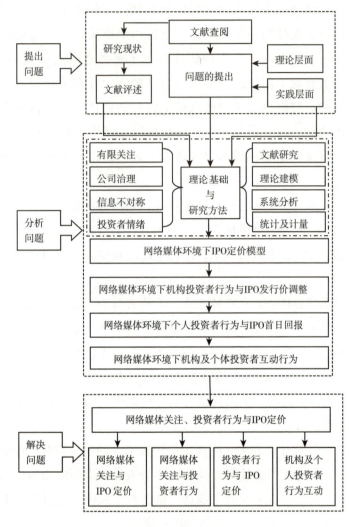

图 1.1　技术路线

1.4　主要创新点

本书的主要创新点体现在三个方面：

（1）在理性预期均衡框架下研究网络媒体信息影响 IPO 定价的内在机制。用随机变量描述网络媒体的信息结构，用贝叶斯原理更新投资者的价值信念，在中国 IPO 询价制度背景下，通过构建模型求解网络媒体环境下一级市场 IPO 发行价的均衡解，从理论上说明网络媒体信息影响 IPO 定价的内在机制。

（2）根据 IPO 上市流程，分阶段研究网络媒体通过影响不同投资者的行为进而影响 IPO 价格行为的具体过程。在询价阶段，IPO 过程的重点是发行价的确定，而根据询价制的安排，询价机构投资者的参与和报价是确定 IPO 发行价的最关键因素。因此，在这一阶段研究网络媒体如何通过询价机构投资者的申购及报价行为影响 IPO 发行价的确定。在初步询价截止日前一个月至网上申购截止日阶段，研究网络媒体如何通过网上个人投资者参与申购行为影响 IPO 首日回报；在初步询价截止日至上市前一日阶段，研究网络媒体如何通过上市首日个人投资者的交易行为影响 IPO 首日回报。

（3）对网络媒体环境下 IPO 过程中机构及个人投资者的互动行为进行研究。在 IPO 过程中，投资者会根据信息进行学习或模仿，机构及个人投资者会从各自的投资行为中调整自身的下一步行为。通过实证分析发现机构投资者能够根据询价截止日前一个月的"股吧"论坛发帖量及发帖内容预测到个人投资者的情绪，并据此调整自身的申购和报价行为；而个人投资者也能根据询价机构的申购和报价行为更新自身关于公司价值的信念。

第 2 章　理论基础与文献综述

由于媒体对金融市场的影响越来越明显，对媒体信息与金融市场的关系的研究也越来越引起学术界的关注。这些研究既包含媒体信息影响资产配置和资产定价的理论分析，同时也包括媒体信息如何直接影响资产价格及通过投资者行为间接影响资产价格的大量经验研究。本章根据设定主题的一般研究逻辑，对媒体报道与资产价格的相关理论、媒体报道与投资者行为相关理论及投资者行为与资产价格相关理论进行系统回顾，理清其发展脉络，对其展开评述及分析其对本书研究的启发。

2.1　媒体报道与资产价格相关理论

2.1.1　媒体报道的信息中介功能与资产价格

媒体在信息时代扮演着异常重要的角色。在资本市场上，媒体对于信息的搜集、汇总、披露与扩散发挥着关键的中介作用，并极大地降低了信息搜集成本，使得人们可以便捷地获取多样的信息[7]。因此，媒体报道能够缓解投资者之间的信息不对称，有助于降低投资者的"理性无知"（rational ignorance）程度[8]。事实上，根据传播学的知识，信息中介是新闻媒体最根本的职能，也是新闻媒体与生俱来的职能，是新闻媒体履行其他职能的载体和基础。具体到资本市场上，媒体以资本市场上各参与主体为对象，凭借其广泛覆盖性、专业化运作的优势能够充分、及时、便捷地向市场参与方传递宏观经济运行状况、行业发展状况、股票交易信息以及上市公司披露与未披露的信息。新闻媒体的规模效应使得媒体报道以较低的价格向投资者传播财经信息，降低了投资者获取信息的交易费用，媒体的广泛覆盖性也使得投资者能够及时获得最新且全面的信息。媒体信息中介观的目的是通过广泛而又迅捷的信息扩散，增强资本市场透明度，减少市场上的信息不对称，使得投资者更清晰地了解资本市场的运行状况及上市公司的经营情况，更好地判断资本市场健康状态及上市公司的质量和投资价值，从而为他们的投资决策提供依据以及控制由于"无知"造成的投资风险。

媒体报道的信息中介功能加速了信息在资本市场各参与者之间的信息扩散，降低了信息搜寻和交易成本，增强了资本市场透明度。因此从理论上讲，媒体报道的信息中介功能会使资本市场随着信息的传播而波动，即资本市场对不同的信息具有不同的价格反应。Merton[9]从理论上研究了媒体信息对股票价格的影响作用。媒体对上市公司的报道，将会吸引那些非上市公司股东的投资者关注该公司的股票，而随着投资者的增多，上市公司的融资成本降低的同时，还会增加该公司的市场价值。并且他特别指出即使投资者知悉了媒体关于该上市公司报道的所有信息，媒体报道仍会影响该上市公司的投资者规模。Merton从媒体的信息中介功能出发，认为随着信息的扩散，上市公司的公开信息抑或是未公开信息将逐渐被投资者关注，从而会增加投资者的人数，进而增强股票的流动性，减少上市公司的资本成本。但 Merton 并没有区分媒体报道的信息的倾向，如果是负面的信息有可能导致上市公司融资成本的升高甚至将无法融资的结果，当然，区分媒体报道倾向将在下一节重点介绍。在 Merton 之后，学者纷纷对媒体报道与资产价格的关系进行了研究。Mitchell 和 Mulherin[10]研究了道琼斯公司公告与证券市场交易量及市场收益的关系，发现道琼斯公告数量与市场交易量及市场收益显著正相关。作者用《纽约时报》的新闻报道量作为道琼斯公告的替代变量进行稳健性检验，发现这种关系非常稳健。Klibanoff，Lamont 和 Wizman[11] 运用价格及净资产价值的面板数据检验了重大的国家层面的新闻是否影响封闭式国家基金价格对资产价值的反应。作者研究发现，当新闻出现在《纽约时报》扉页的时候，封闭式国家基金价格对资产价值的反应非常强烈，其弹性大于 1。说明新闻事件会导致投资者的快速剧烈反应。Easley 和 O'Hara[12] 建立了媒体关注与股票收益模型，发现媒体信息对股票横截面收益具有显著正向影响。Tetlock，Tsechansky 和 Mackassy[13] 发现公司层面的负面新闻能够预示较低的公司盈余，但这种预示会缓慢地体现出来，而对于很难量化的公司基本面的中性新闻报道内容却能够迅速反映到股票价格中。Fang 和 Peress[14] 研究了媒体报道与横截面期望股票收益的关系，研究发现，在控制了风险因子之后，相较于高媒体报道组的公司，没有媒体报道的公司获得较高的收益。并且这种情况在小规模股票、个人投资者持股较多的股票、较少分析师关注的股票及更多特质风险的股票中表现得更为突出。作者认为造成这种情况的原因是媒体报道越多的公司，其公司透明度越高，信息不对称程度越低，因此风险较低，所获得的超额收益自然就低，这恰好证实了媒体的信息中介功能。Antweiler 和 Frank[15] 利用 150 万条雅虎股票论坛的信息，研究发现这些股票信息能够帮助预测市场波动，这层关系不仅在统计意义上显著而且在经济意义上也显著。然而，这些论坛上的信息却对股票收益的影响很小。Chan[16] 利用公司名称的新闻标题作为股票是否有新闻的衡量指标，研究了月度收益与公开信息的关系。研究发现，不同内容的新闻导致了不同的价格反应模式——伴随坏消息的是很强的价格漂移，而伴随好消息的价格异动则会导致反转。

从投资者信息需求的角度看，媒体的信息中介功能主要体现在便利投资者的信息搜寻。在现实的资本市场上，信息搜寻的成本有时过于昂贵而导致投资者无法及时、准确地获取全部信息。而媒体报道促进了上市公司信息在市场参与者之间的及时、充分传播，提高了市场运行效率。具体而言，媒体作为资本市场的信息中介，利用自身搜集、加工整理和公开披露信息方面的优势，通过搜集、加工处理和传递信息影响了投资者对上市公司的预期，改变了投资者决策行为，进而影响了公司股票的市场价格。Huberman 和 Regev[17]发现 ENMD 公司的股票价格仍受到 150 日前刊登在金融报刊上的公司相关报道的影响。说明媒体的信息传播功能增进了投资者对公司相关信息的了解，影响了他们的投资决策，进而引起了公司股价的波动。Dick 和 Zingales[18]认为媒体新闻报道减少了信息获取成本、扩大了公司信息传播范围，提高了知情交易概率，影响了投资者决策及其他行为，进而影响了公司估值。Veldkamp[19]研究发现，媒体的发达程度及其信息量大小会正向地影响信息透明度和股票的投资需求，进而正向地影响公司的股票价格。Rhodes-Kropf，Robinson 和 Viswanathan[20]指出，股价涨跌与媒体报道在资本市场的覆盖面有关，媒体报道不仅有助于信息在市场参与者之间及时、充分地传递，还加强了投资者对其他行业、地区公司的认识，减少了他们的认知偏差，并提高了他们加工处理信息的水平。

关于媒体的信息中介功能，国内学者也展开了广泛的研究。在公司信息披露机制不完善、投资者专业能力不足的我国新兴资本市场中，媒体的信息中介功能对投资者行为及资本市场的影响作用更大。罗进辉，杜兴强[21]利用 2004~2011 年中国 A 股上市公司的年度观察数据，实证检验了媒体报道对公司未来股价崩盘风险的影响。研究发现，媒体对上市公司的频繁报道显著降低了公司股价未来崩盘的风险，发挥了积极的信息中介作用。李明，叶勇，张瑛[22]以中国 2010~2011 年在深交所上市公司为研究对象，研究了媒体报道对公司透明度提高的影响。研究结果发现，媒体报道（不管是负面还是非负面）均能促进公司透明度的提高。而且就区域来说，相较于西部地区，东部地区的媒体报道更能促进公司透明度的提高，这是因为东部地区的媒体更为发达，信息中介功能更为显著。张建勇，葛少静，赵经纬[23]基于中国上市公司 6 年主流媒体报道的经验数据，对媒体报道与企业投资之间的关系进行了探究。研究发现，媒体报道尤其是正面报道数量越多，投资行为越被关注，越会导致管理层过度自信，引发过度投资或者缓解投资不足。于忠泊，田高良，张咏梅[24]从盈余信息市场反应的角度，进一步解释了市场压力的来源以及对管理者行为的影响。研究发现，媒体关注增加了短期内盈余信息的市场反应，降低了长期内的盈余公告后漂移程度。罗进辉，蔡地[25]以股价信息含量为着眼点，考察媒体报道对中国股票市场运行效率的影响。文章以 2003～2011 年 5608 个年度观察样本的实证研究发现，媒体报道能够显著提升中国上市公司的股价信息含量。

由于 IPO 公司的曝光度低，关于公司的公开信息相对有限，公司与市场外部参与者之间存在明显的信息不对称，媒体的信息中介功能在 IPO 市场上体现得尤为突出。一是因为 IPO 公司的信息披露需要指定的媒体完成，因此媒体的信息中介功能成为其义不容辞的责任；二是因为 IPO 公司可用于挖掘的信息更为丰富，相对于已经上市的公司，其更容易成为媒体竞相角逐的报道对象，率先报道将带来更多的"震撼"效果，也会为媒体本身带来声誉或现实利益。正因为如此，国内外学者不断将研究的触角延伸到这一领域。Liu，Sherman 和 Zhang[26]研究了 IPO 前媒体报道在 IPO 后的长期作用。研究发现，IPO 前的媒体报道显著影响 IPO 长期收益，IPO 后的分析师关注及机构投资者持股水平。文章的研究结论拓展了 Merton 的研究，认为 IPO 前的媒体报道不仅影响短期投资者行为，而且在长期也能对投资者的行为造成影响。Liu，Sherman 和 Zhang[27]构建媒体关注模型，将媒体关注分成内生关注与外生关注，分别考察他们与 IPO 抑价的关系。研究发现，媒体关注对 IPO 抑价、分析师关注及机构获配都产生了显著的影响，并且这种影响主要是由于媒体的内生关注造成。牛枫，叶勇[28]基于 2009～2012 年 869 家中小板上市公司，从三个维度考察了媒体报道与 IPO 抑价之间的关系。实证研究发现，媒体报道越多，媒体关注度越强，公司 IPO 抑价率越高，说明媒体报道越多，投资者跟进越多，对 IPO 股票的投资需求增加进而造成 IPO 高的抑价率；而媒体的负面舆论可以显著降低 IPO 抑价率，有效抑制 IPO 高抑价，这是因为媒体负面舆论传递了一种"坏信号"，使投资者减少对该 IPO 股票的投资需求，IPO 价格降低，这是媒体信息中介观的充分体现。同样，黄俊，陈信元[29] 考察了媒体报道对公司 IPO 抑价的影响。研究发现，媒体报道显著提高了公司的首发抑价，而且，即使媒体只是对公司进行中性报道，IPO 抑价也与媒体报道数正相关。

随着互联网技术的发展，人们获取信息的途径发生了根本性的转变。一方面，网络媒体延续了传统媒体的"社会公器"角色[2]，即通过对信息的搜集、加工和传播，网络媒体能够降低投资者搜集和处理信息的成本，向投资者提供多元化的观点，帮助投资者全方位的了解公司的真实经营状况；另一方面，网络媒体独特的互动性（股吧、论坛、微信等）使得投资者之间能够进行及时的信息交流，从而改变投资者的投资决策和行为范式，进而影响资产市场效率与金融生态环境。另外，网络媒体提供的信息量更大，且具有纵深性，即投资者可以轻松地从某一新闻事件中搜索到相关的追踪报道、评论等，为投资者的决策判断提供丰富的基础材料。因此，对于媒体的研究近年开始转向了网络媒体，这也是本文基于网络媒体环境的依据。Da，Engelberg 和 Gao[30]、Li Jiang 和 Gao Li[31] 利用异常 google 搜索量指数（ASVI）作为投资者关注度指标，研究指出 ASVI 与 IPO 发行价修正及首日回报正相关。王建新，饶育蕾，彭叠峰[1] 借鉴百度新闻搜索引擎获取上市公司的网络新闻数据，利用中国 A 股市场 2003～2010 年的股票收益数据进行检验，发现我国股票市场上同样存在"媒体效应"。张谊浩，李元，苏中锋，张泽林[32] 研究发现，投资者网络搜索强度对股票短期收益率、短期交易量及累计收益率均有影响。股票市场能够影响网络搜索，而网络搜索可以在更大程度上影响和预测股市表现。刘锋，叶强，李一军[33]以中国金融类股票为研究样本，基于百度搜索引擎采集媒体关注度数据，研究发现媒体关注度对当期股票收益具有负向的直接相关关系。

媒体的信息功能是保证资本市场正常运行的基本职能。媒体尤其是网络媒体的广泛扩散缩短了股票对信息的"拖延反应"，从而使市场融入各种信息，形成了真实反应市场信息的合理的股票价格，促进了资本市场有效性的提高。另外，媒体通过对上市公司信息披露的补充和分析，进一步提高了资本市场信息的质量和深度，从而能够使投资者获得全面而又完整的公司信息，有效提高了资本市场的信息流通效率。鉴于此，本书将网络媒体报道应用于 IPO 市场中，研究网络媒体报道与 IPO 定价的关系，检验其是否起到信息中介的作用，是否能促进 IPO 定价的透明性和效率，促进投资者更好地理解网络媒体与中国新股发行市场的关系，这将有助于检验媒体的公正性及投资者的理性程度。

2.1.2 媒体报道的监督治理功能与资产价格

外部监督治理是新闻媒体的又一基本功能。是我国法律赋予新闻媒体的神圣权利，也是新闻媒体生存竞争和发展的重要手段。所谓新闻媒体的有效监督主要是指媒体凭借其专业素养及敏锐的触觉，寻根索源的职业操守及公众信息知情权赋予的采访权、批评质疑权等通过跟踪调查、实地摄录等一系列过程，把所探究到的内幕信息公布给公众，从而使上市公司的价格运行得以有效监控。如果公司业绩良好，新闻媒体的监督就会像一副助推剂促使上市公司为保持业绩和维护声誉更为"奋发有为"，尤其是上市公司的代理人为积累声誉和获得未来更大的收益，会有更大的激励去完善公司治理，提高公司业绩，做出有利于上市公司及投资者的决策行为，这反过来又会增强投资者的信心，增持该公司的股票。这种良性循环体现到股票价格上则呈现价格稳定增长、波动性小的特点；如果公司业绩存在虚假行为，媒体的跟踪调查和深度报道则会挖掘出公司的虚假行为，使投资者减持该公司股票，造成公司股票价格暴跌的现象，露出其真实面目；如果公司业绩真的很差，媒体报道则能够分析业绩差的原因，既能帮助上市公司认识到出现的问题，又能消除投资者的疑虑甚或恐慌情绪，防止股票价格的暴跌，从而促使公司更正不合理的决策，有的放矢地找到解决办法。媒体被冠以守护市场的"啄木鸟"，因为其能比其他渠道更早地报道上市公司的种种欺骗、误导、严重侵害投资者的行为。媒体凭借其特有的采访权及质疑权进行舆论监督报道，发挥预警功能，对维护公平、公正、公开的原则、维护投资者权益及稳定市场价格运行都有着非常重要的意义。

在研究媒体的监督治理功能方面，最具代表性的是 Dyck 和 Zingales[34] 的研究，作者为我们描绘了发达国家媒体发挥公司治理作用的三条可能路径：首先，媒体报道能够促使政府着手政策法规的完善与改革，通过立法震慑和处罚违反公司治理准则的企业及其高管人员。其次，媒体报道能够影响经理人和董事会成员在股东和未来雇主心目中的声誉和形象。为了保住现有的职位，并在未来职场中获取更优厚的薪酬，经理人和董事会成员很可能会改正违反公司治理准则的行为。最后，媒体报道还会影响经理人和董事会成员在社会公众心目中的声誉和形象。Dyck，Volchkova 和 Zingales[5] 对媒体通过声誉机制来实现公司外部监督职能进行了经典的分析，他们认为只有当上市公司管理者从一项违反公司治理原则的决策中获得的私人收益小于由此引致的声誉损失及法律惩罚时，上市公司的管理者才会纠错，否则管理者会维持现状，用数学公式可以更清楚地表达这一状况：E（私人收益）$<$ E（法律惩罚）$+E$（声誉损失）$=\sum_{i} p_i RC_i + \theta B$，其中 RC_i 表示管理者的声誉损失，p_i 表示投资者接收到媒体信息并将该信息转化为自身信念的概率，B 表示法律处罚损失，θ 表示因违反公司治理原则而受到法律处罚的概率。媒体可以通过以下途径起到监督治理作用：第一，

通过媒体报道改变 p_i 的值，即让更多的投资者知道上市公司管理层的违规行为；第二，媒体报道通过更大范围内的对丑闻的揭露，必然导致法律惩罚的可能性增加；第三，增加法律惩罚力度。通过这三条措施逼迫上市公司管理层改正违背公司治理原则的行为。Miller[35] 使用263 家违反美国会计准则的上市公司为研究对象，发现有 75 家在被监管部门公开处罚前受到媒体的质疑和批评。由此可见，媒体在监督资本市场会计舞弊行为方面发挥了积极的作用。Dyck，Morse 和 Zingales[36] 利用 216 个集体诉讼样本展开研究，发现由媒体揭露的会计舞弊行为在所有外部监督机制中排名第一。Joe，Louis 和 Robinson[37] 通过检验媒体曝光董事会无效率行为如何影响公司治理来分析媒体对各种代理人行为的影响，研究发现媒体曝光董事会的无效率行为迫使董事会在随后采取提高效率的行为，从而在公司治理方面进行了改善。Liu 和 McConnell[38] 利用 1990～2010 年 636 家对公司公告具有负面反应的有并购意图的企业样本，检验发现在决定是否放弃收购行为时，经理人对公司股价反应的敏感性受媒体关注语气的影响。这是因为媒体关注的水平和语气影响了并购公司的价值，出于经理人声誉资本的考虑，经理人必须考虑媒体关注的水平和语气以决定是否放弃并购行为。Farrell 和 Whidbee[39] 以在《华尔街日报》上报道公司迫使 CEO 更替事件的 79 家公司为样本，并同匹配公司进行对比。研究发现，媒体通过监督糟糕的公司业绩提升了高管离职更替概率。Zyglidopoulos，Georgiadis，Carroll 和 Siegel[40] 研究了媒体关注对公司社会责任的优势和劣势的影响。利用利益相关者理论，文章形成和检验了关于媒体关注强化或弱化特定公司社会责任的两个假说，实证结果显示，媒体关注能够提高公司的社会责任感。

国内学者也纷纷在中国资本市场上检验媒体的监督治理功能是否能够有效发挥。最具经典的文献当属李培功和沈艺峰的研究[41]。借助一个独特的样本，他们的文章证实了媒体在完善公司治理水平、保护投资者权益方面的积极作用。通过对媒体不同特征的分类，他们发现与政策导向性媒体相比，市场导向性媒体具有更加积极的治理作用；报道内容为深度报道及涉及上市公司做出有损投资者利益的负面报道同样表现出积极的治理效果。进一步的研究发现，与国外媒体公司治理作用主要靠管理层维护声誉来实现不同，国内媒体监督治理功能主要是通过引入相关行政机构的介入实现的。薛有志，吴超，周杰[42]基于 2009～2012 年中国 A 股上市公司的 869 家 IPO 样本数据，采用横截面数据的 OLS 多元回归和分组回归等实证研究方法，探索信息不对称环境下媒体参与公司治理的动因及治理效应问题。研究结果表明，公司 IPO 前媒体可以通过信息传播降低信息不对称，在信息不对称程度较高的公司媒体的治理效应更加明显。孔东民，刘莎莎，应千伟[43]从中小股东利益保护的角度出发，将公司行为分为"好行为"与"坏行为"，然后考察媒体对于公司行为的影响。研究发现，媒体关注在中国上市公司行为的各个层面上都体现了显著的监督治理功能。具体表现为：媒体关注度高的公司，其生产效率、公司业绩与社会责任均会增加；同时，公司盈余操纵、衡量大股东掏空的关联交易以及违规行为均显著降低。罗进辉，杜兴强[21]以中国 A 股上市公司年度观察数据为样本，在考察媒体报道对公司未来股价崩盘风险影响的同时，进一步考察了两种外部治理机制即新闻媒体与制度环境之间的交互影响。研究结果表明，媒体报道在发挥积极的信息中介作用的同时，也是弥补中国新兴市场经济正式制度不足的一种重要治理机制安排。黄辉[44]认为媒体的质疑和负面报道有助于揭示公司的会计舞弊并能有效抑制管理层的主观盈余操纵行为，也即是说媒体的监督治理作用主要通过其负面报道实现的。媒体监督的"查漏补缺"远比"锦上添花"更能反映出媒体的治理功能。文章以 2009～2011 年 273 家上市公司的 915 个媒体负面报道数据为样本，按照三个维度即媒体负面报道次数、内容及方式，通过配对检验及回归分析发现，媒体负面报道有一定的负向市场反应，并且深度的、严重侵害的负面报道引致的市场反应更为强烈。但深度报道不一定降低企业绩效，而严重侵害的报道则导致企业绩效的加剧下降。李明，叶勇，张瑛[22]同样指出媒体的负面报道比正面报道对公司透明度的影响更大。在控制地区变量（东部和西部）及公司所有权（国有公司及非国有公司）之后，这种影响强度仍然成立。醋卫华，李培功[45]选取96个研究样本，发现60.42%存在公司治理问题的企业都在证监会正式介入调查前受到过媒体的质疑和负面报道，说明媒体并非事前"静默无语"事后"言辞铿锵"，而是积极发挥监督治理作用，为媒体在中国经济转型背景下发挥公司监督治理作用提供了有力的证据。

针对IPO公司来说，媒体的监督治理功能更是无可替代。公司IPO前，其公开信息非常有限，对外部投资者而言公司的运行就像"黑箱"一样。媒体的质疑天性和寻根究底的职业操守以及新闻记者的工作激励（原创，深度，及时的新闻报道能为新闻记者带来更高的声誉进而更好的未来发展机遇）刺激媒体投入更多的资源，推出关于IPO公司的具有重要影响力的深度调查报道。这些报道一方面能够揭开公司IPO这个"黑箱"，为投资者逐渐披露公司的业绩及治理状况的信息。另一方面这些报道很可能对公司IPO进程产生实质性影响，尤其是投入了较高人力、物力和财力的负面报道。这是因为在媒体揭露拟上市公司的造假等负面行为时，这些公司已经通过初步审核，在外界已经有了一定的知名度，如果新闻报道不实，媒体可能会陷入法律纠纷之中。而一旦媒体的负面报道引起了投资者及监管层的注意，监管层就会暂停IPO进程，要求公司向投资者给出合理解释或者直接介入调查终止IPO审查。因此媒体的监督治理可以阻止造假公司的IPO进程，防止劣质公司进入资本市场损害投资者利益。Pollock 和 Rindova[46]利用225个IPO样本公司研究了媒体报道和IPO抑价及首日换手率的关系。研究发现，媒体报道与IPO抑价呈现一种负向且边际递减的关系，而与首日换手率呈现一种正向且同样边际递减的关系。文章结果证实媒体报道信息的确反映了IPO公司的合法性（即促进了公司治理）。Johnson 和 Marietta-Westberg[47]检验了公司的新闻与股价波动的关系。研究发现相较于媒体的正面报道，媒体的负面报道能导致股价更大的波动，但在一段时间后，股价的波动明显下降。这说明媒体的负面报道真实地反映了公司存在的问题，而且导致近期股价的非正常波动。但同时正是由于媒体的负面报道让公司意识到存在的问题，在下一阶段这些问题被及时得以纠正。薛有志，吴超，周杰[42]研究发现，公司 IPO 前的媒体报道能够起到公司治理的作用，并且相对于存在国有股份而言，无政策信号组媒体弥补信息不对称的治理作用更明显。这也为建设媒体自由的报道环境提供了理论注脚。

　　一方面，媒体以调查性报道为主的报道方式全方位监督资本市场。在中国经济转型及构建新常态的重要时期，在资本市场上各方力量进行激烈博弈。尤其在 IPO 市场，由于信息严重不对称，整个市场较低的透明度造成权力寻租现象时有发生，导致许多影响 IPO 市场正常运转的事件，这些问题直接影响到后续 IPO 公司乃至整个资本市场的健康发展。出于媒体竞争的压力，扮演市场"守望者"的媒体在资本市场尤其是 IPO 市场不可能进行"歌舞升平""避重就轻"的报道，而是不断地以挖掘事实真相或揭露不可告人的黑幕为核心，对市场进行维护。另一方面，媒体对资本市场的监督治理除了直接以调查性报告向社会舆论披露相关事实外，还可以通过舆论压力和声誉影响的方式来协同和调动其他的外部监督治理主体。例如，媒体的曝光会对公司尤其是拟 IPO 公司的管理层带来巨大的压力，迫使他们做出相应的更符合公司治理的调整行为。同时，媒体的关注也会促使监管部门或法律制定部门做出有利于保护投资者利益的相关规定或法律制度。结合互联网时代，网络媒体的互动性使得投资者加快了媒体信息的传播，通过相互交流更为深度地理解媒体信息内容和更为强化投资者的某种认识，使得媒体与投资者产生"共振"效应，放大了媒体的监督作用。因此，网络媒体应具有更强的公司监督治理作用。综上所述，本书考察了网络媒体在 IPO 市场中的公司治理功能的发挥效果，对投资者的投资保护及监管部门的监管行为有重要意义。

2.1.3 媒体报道偏差与资产价格

在传统的观点看来，媒体的新闻报道应该恪守中立的原则，应是反映社会真实的一面镜子。然而，在市场逻辑的侵染和市场利润的驱逐下，媒体的商业价值正在取代传统的新闻价值[4]。一方面，媒体在传递信息的过程中，不可能是对信息的直接搬运而没有自身的任何加工，简单起到"传声筒"作用。新闻记者受制于自身的知识、获取新闻的渠道及对信息的理解能力，对同样的新闻可能会有不同的态度倾向进而做出截然相反的裁剪和取舍。例如，当媒体对公司进行新闻报道时，在描述完公司的经营指标、公司结构等显性内容后，往往会传递对该公司未来发展的评价、盈余的预期以及股票投资建议或乐观或悲观的观点。这些评价性的报道带有强烈的个人主观性，个体的不同导致这些观点的相似或相左。同时，受制于市场利润的驱动，媒体往往迎合受众偏好，选择能抓住受众心理的新闻事件大肆报道、过分渲染，甚至通过故事演绎的方式进行引人入胜、精彩纷呈的报道。这种故事演绎方式的新闻报道根本无法保证新闻报道的公正客观。另一方面，从媒体的角度看，媒体自身的逐利性可能使其通过夸大、扭曲事实或故意制造噱头的方式来提升新闻的社会关注度。同时，媒体也可能为公司所"俘获"而与公司产生"合谋"行为，从而丧失报道的客观性和独立性，即媒体倾向于报道公司乐于公布的消息而隐藏或粉饰会对公司产生不利影响但却是真实的信息。媒体的报道偏差同样会反映到资产价格中。媒体的报道偏差将会使资产价格发生扭曲，甚至在资本市场上会产生"劣币驱逐良币"的逆淘汰过程。使得股价失去检验公司质量的功能，导致劣质公司的股价出现猛增猛涨的情况。

关于媒体报道偏差的概念及产生的原因，最早可以追溯到 20 世纪 40 年代，但学者公认的媒体报道偏差的概念由 Gentzkow 和 Shapiro[48] 提出，即媒体报道偏差就是对报道内容的取舍、对词句语气的斟酌以及对不同信息来源的选择。文章假设消费者为贝叶斯信念更新者，他们根据信息是否迎合了他们先前的期望来推断公司的质量。并利用这个事实构建了一个模型，在该模型中媒体为维护自身的声誉，会尽量迎合投资者的信念来选择报道的内容，尽管这样做的后果是使市场参与者的情况变得更为糟糕。根据模型的预测，当个体接受到独立的真实的信息的时候或媒体企业之间的竞争增强或新闻事件能够在短期内得以验证的情况下，媒体报道偏差会有所缓解。Gentzkow，Glaeser 和 Goldin[49]对美国近代报纸产业的研究发现，几乎所有的报纸都依附于某个政党，因而为了政党集团的利益，这些报纸的报道内容多涉及政治家和政党之间的相互攻击和打压，往往缺乏客观性和中立性。最近一份研究显示，至少存在三方面的利益冲突影响媒体的公正性：第一，政治原因。如前所述，媒体在信息披露中往往受到政治因素的影响（在新闻自由度受限的国家更是如此），大部分媒体受到严格审查和控制，很难报道与监管者态度不一致的信息。第二，商业原因。许多媒体与所报道对象存在紧密利益关联，比如媒体高层同时也兼任所报道公司的董事，基于这种交叉关联（interlocking），媒体在面临关联公司信息的时候，很难坚持客观公正立场。第三，媒体可能面临信仰的困扰。例如，对背后的控股股东为宗教团体的媒体，报告涉及宗教问题时难以持有完全客观中立的立场。Mullainathan 和 Shleifer[50]在两个假设下研究媒体信息：读者持有迎合他们的信念和媒体能够迎合读者的信念。作者归纳了两类媒体报道偏差的原因：观念分歧和新闻炮制。前者指媒体通过有偏报道将受众的信念引向特定方向；后者则特指媒体为了吸引眼球、制造轰动效应而刻意进行有偏报道。Gentzkow 和 Shapiro[51]研究发现，随着媒体之间的竞争，读者的推断会被逐渐得以纠正，媒体报道的扭曲程度逐渐弱化，而媒体的高度集中将会限制和阻碍真相的产生。无论是在 Mullainathan 和 Shleifer 的模型还是 Gentzkow 和 Shapiro 的模型中，都有一个重要的假设，即媒体的收入主要来自读者的订阅。而在现实中，媒体的收入主要来自商业广告，就这一问题，Gal – Or[52]进行过详细的研究，他们在一系列严格假设下证明了当媒体仅仅依赖广告收入时，媒体倾向于采取降低报道偏差程度的报道策略；而当媒体同时依赖广告收入和订阅收入时，媒体报道偏差程度会显著提高。Ellman M.，Germano[53]在一个新闻报纸即销售给读者又销售空间给广告商的双边市场中构建了一个子博弈完美纳什均衡模型，其中广告商认为读者能够接受广告内容。模型结果表明，媒体的最优选择是将报道准确性设定在一个较低的水平。为了防止广告商撤销广告，媒体对报道进行了它们能接受的最大程度的"扭曲"。Anderson 和 McLaren[54]从媒体偏好的供给角度研究发现，当媒体处在垄断市场中时，即使媒体客观公正的报道，受众也会怀疑媒体可能隐藏了对其不利的信息，从而导致媒体报道的"柠檬市场"，即读者关于事件的贝叶斯事后信息比读者阅读之前所估计的预期均值还低；而当媒体处在充分竞争市场中，尽管媒体进行了有偏报道，但有偏报道的均值却是无偏的真实信息，因而不存在社会福利下降的问题。Baron[55]从新闻记者的角度研究了媒体的有偏报道。他通过建立一个单边供给模型发现，为追求未来职业生涯获得最大的收益，记者当前往往倾向于对新闻进行有偏报道。其中，未来的职业生涯不仅仅是在新闻机构内部的职位升迁，还包括成名后所带来的潜在的出版自传、发表演讲和进入政坛等机会。另外，新闻记者与公司还存在隐形的"交换补偿"的关系，即记者往往会对提供内部信息的企业做出更为有利的报道，而记者由于"挖掘"了更多的内幕信息获得了更多的晋升机会。先前关于媒体报道偏差的研究，大多数只是模型推导，较少采用实证检验方法，这是因为媒体报道偏差的衡量存在较大的困难，限于学者在解读媒体报道偏差过程中存在较强的主观性，很难找到"公允"报道这个基准。不过，尽管困难重重，学者还是就这一问题展开了研究。Groseclose 和 Milyo[56]通过分别统计媒体报道和美国国会议员引述智库言论的数量，对比两者的模式和差异计算"美国民主行动"得分（ADA），用以反映媒体报道对有代表性的国会议员意识形态的偏离程度。Besley 和

Prat[57]认为政府"俘获"了媒体才是导致媒体报道偏差的主要原因，并且通过全国性报纸对政府丑闻的报道数据，证实媒体对政府丑闻的报道与政府在报纸上的广告投入呈显著的负相关关系，从而结论得以验证。Gurun 和 Butler[58]发现地方性媒体对当地公司进行报道时，相比于其对非当地公司的报道，它将使用更少的负面措辞，并且该公司在当地媒体上支出的广告费用越多，对其新闻报道的正面性偏差越大。

在中国的媒体环境中，媒体的报道偏差问题与资产价格问题同样引起了研究者的重视。孔东民，刘莎莎，应千伟[43]从中小股东利益保护的角度研究了媒体治理的角色在机制上存在"监督"与"合谋"两种可能。虽然作者实证分析了媒体关注在中国上市公司行为的各个层面上都体现了显著的监督治理功能，但在某些特定的场景下，仍发现了当地媒体与当地企业可能存在的合谋（媒体偏差）证据，作者也指出媒体的独立化和市场化能够弱化媒体报道偏差。董大勇，肖作平[59]以网络媒体东方财富网"股吧"发帖数据为研究对象，考察了 A 股中注册地为四川和辽宁两省的 109 家上市公司的信息交流偏误问题的存在性及影响因素和对资产价格的影响。研究发现，证券信息交流中存在"家乡偏误"现象，并且这种现象对股票价格有显著影响，信息交流的本地投资者比例越大，股票价格越高。李培功，徐淑美[60]在媒体的公司治理作用的共识与分歧中指出，一方面部分学者坚定地认为，媒体作为法律之外的第四监督机构，能够通过事前监督、事中深入调查和追踪报道起到监督治理作用，促使企业改正违规行为；另一方面，反对者则坚持，由于受到政府和其他利益集团的影响，媒体很难做出客观、中立和公正的报道，由此产生的报道偏差会弱化媒体的监督作用，甚至造成社会资源的配置无效率，损害社会福利。可见，媒体报道偏差问题仍然是一个长期存在的问题，李培功[61]对此做过一个经典的综述性质的经济学分析，文章从媒体报道偏差的动因、媒体报道偏差程度的计量、媒体报道偏差的经济后果以及如何缓解媒体报道偏差的四个维度，系统归纳、梳理和评价了有关媒体报道偏差的研究成果并指出下一步研究方向。

针对 IPO 公司来说，媒体报道偏差更容易导致严重的资产误定价现象。因为媒体报道成为市场投资者获取 IPO 信息的最主要的渠道，媒体报道的信息形成了投资者的先入为主的关于 IPO 公司的预期和信念，进而影响 IPO 的价格运行。而先入为主的观念的根深蒂固和预期及信念的惯性导致投资者需要花费很长一段时间调整。因此，媒体报道偏差所导致的资产误定价需要很长时间才能被市场纠正，这必然影响了市场效率。Cook[62] 研究认为，承销商并不会被动等待乐观个体的出现，而是主动通过各类推介活动吸引情绪投资者，营造乐观的新股发行氛围，该研究直接使用新闻报道的数量来测度承销商的营销努力程度（作者抽查了 5452 条 IPO 新闻的内容，结果发现超过 99% 的新闻报道是非负面的，这是其能够直接用新闻数量代表承销商推介活动的必要条件），结果证实发行人、承销商和机构投资者都因 IPO 营销活动而受益，具体表现为：发行期的新闻量越大，该公司获得的发行估值相对于同行业可比公司的估值水平越高，公司原大股东的财富增值幅度越大，投资银行获得的承销收入越高，股票上市初期的交易价格相对发行价格的涨幅越高。Bhattacharya Galpin Ray R. 和 Yiaoyun Yu[63] 分两部分对媒体报道进行研究。第一部分探究了媒体报道在网络公司与非网络公司中的作用是否不同，作者搜集了从 1996 ~ 2000 年 458 个互联网 IPO 公司和 458 个匹配的非互联网公司的一共 171488 条新闻报道条目，并且区分了报道的内容倾向。研究发现，对互联网公司的媒体报道密集度明显高于非互联网公司，并且对互联网公司的媒体报道偏差非常明显，在互联网泡沫之前，媒体的正面报道非常密集，而在互联网泡沫之后，媒体的报道倾向明显转向了负面报道。说明媒体的报道偏差的确推动了互联网泡沫的进程。但从调整的超额收益看，互联网公司在泡沫之前和之中并没有获得更高的超额收益。游家兴，郑建鑫[64] 从媒体情绪的角度探讨了媒体情绪与 IPO 异象之间的关系。研究发现，一方面媒体由于广泛的影响力和权威性成为投资者十分重要的信息源，它们所传递的观点会被投资者当成权威去模仿；另一方面媒体报道会通过投资者的跟风行为和传染效应，渲染市场的非理性情绪。作者研究发现，当新闻报道所传递的媒体情绪越乐观时，新股发行的抑价程度越大，而伴随其后的则是一个长期的价格纠正过程。方军雄[65]以IPO预披露制度对IPO有偿沉默的影响为切入点研究媒体的负面效应。研究发现，IPO时支付有偿沉默的公司，即IPO公司通过公关行为"俘获"媒体使其报道公司乐于公开的信息，IPO之后出现"业绩变脸"的可能性更高，IPO之后的会计盈余质量更低，这意味着在中国市场上IPO公司与媒体存在"合谋"行为，导致IPO公司上市过程存在机会主义行为。

在我国IPO市场上，媒体报道偏差会产生严重的经济后果。一是会严重误导投资者。投资者在媒体的一路赞歌中引起亢奋，更倾向于冒险赌博，从而引发资产价格的泡沫；在媒体的集体唱衰下信心萎靡，一些高质量的IPO公司可能因为市场的萎顿而无法进入市场，阻碍了资本市场的资源配置功能。二是降低资本市场的效率。因"柠檬市场"的问题，投资者会降低对媒体信息的需求，导致IPO市场上信息的需求不足，IPO价格无法有效反应市场信息。同时，由利益集团引发的媒体报道偏差，通过影响投资者的信息结构和信念分布而导致IPO市场的错配。因此，检验媒体尤其是网络媒体报道数量及基调是否存在媒体报道偏差现象，如果存在，如何影响投资者的行为，是否对机构和个人投资者具有同方向的影响效果，这无疑对保护投资者、促进媒体客观中立报道及维护市场稳定都有较大的现实意义。

2.2 媒体报道与投资者行为相关理论

2.2.1 媒体报道与投资者关注

媒体报道作为信息的载体，会引起投资者行为的变化是很自然的结果。但面对成千上万的媒体信息，尤其是在网络媒体环境下，媒体每天都能发布海量的信息，这些信息中有哪些能够引起投资者的关注，这与媒体的权威性以及报道的内容、基调和方式有关，同时也和投资者的偏好和信念相关。在现实世界中，人类的大脑具有认知处理能力的局限，因而投资者的注意力是有限的，面对媒体的公开信息，有限注意力的投资者只能关注到部分信息并且根据拥有的部分信息形成有偏的概念。那么，有限注意力的投资者到底会关注哪些信息，这些信息又如何影响投资者的行为进而影响资产定价的，进一步媒体该传递什么内容的信息，选择什么时机发布，以什么的形式发布才能引起投资者的关注。学者们就这些问题展开了研究。

学者首先关注投资者的有限注意力问题。注意是认知心理学的一个重要概念，对有限注意的研究是从认知心理学开始的。由于人的注意力是有限的，那些显著的刺激和信息通常才能引起人的注意。Peng和Xiong[66]在注意力是一种稀缺认知资源的心理学证据下，通过构建模型研究了在学习过程中的注意力配置问题以及这种配置对资产定价的动态影响。研究发现，投资者的有限注意力导致其分类学习行为（category – learning），也就是说，投资者倾向关注市场和部门层面的信息而不是公司层面的信息。这种内生性的信息结构与过度自信相结合可以产生某种收益联动的特征，这些特征经过检验与真实的市场行为非常吻合。Corwin和Coughenour[67]研究了决策过程中的有限注意对金融市场的影响。文章检验了做市商的有限关注是否影响证券市场的交易。研究发现，纽约证券交易所的专家面临明显的选择证券交易组合的有限性，因而他们将注意力分配给交易活动最活跃的股票组合。由于这种注意力分配机制的被动性，使得根据价格改善不断调整投资组合的努力减弱，交易成本增加。文章结论说明了决定注意力分配的有限关注能够显著影响金融市场的流动性供给。Hirshleifer，Lim和Teoh[68]建立了异质注意力模型，即假设金融市场上的资产交易是由于主体的异质性所引起，因为各类投资者的偏好、信念以及信息占有上的差异性，导致其对风险资产的需求数量不同进而导致资产交易的不同。在该模型中，假设市场上有两类投资者，非关注投资者（inattentive investors）和关注投资者（attentive investors），所占比例分别为 f 和 $1-f$。两类投资者均为风险中性偏好，关注投资者根据市场公开信息形成信念，非关注投资者根据先验信念或启发式方法形成信念。在资产供给标准化为 1 的情况下推导出了市场均衡价格的表达式。该表达式的内涵为均衡股票价格，反映的是不同注意力程度的投资者对价格信念的加权平均，其权重取决于两类投资者的比值及风险承受能力。在这一模型框架下，作者推导出投资者有限注意的设定对不同盈余成分的过度反应和反应不足同时具有解释力。因为投资者忽视了当前盈余中所包含对未来盈余的预测信息而导致盈余公告后漂移。基于有限注意力理论，学者开始关注媒体报道对投资者有限注意力分配的问题。Coval 和 Moskowitz[69] 研究了投资者关注的偏好，即投资者倾向于关注他们家乡的股票，尤其是投资经理更展示了强烈的对总部设在家乡的公司的偏好。这是因为相对于非家乡的投资者，家乡的投资者对家乡的股票拥有较大的信息优势。即使媒体报道能让非家乡的投资者了解公司的信息，但仍然存在投资者关注偏好问题。Coval 和 Moskowitz[70] 结合心理学中的有限关注理论，认为投资者的注意力是有限的，投资者根据区域地理位置分配自己的注意力，投资者对紧邻自己的公司的投资活动明显强于地理位置较远的公司，这是因为投资者更多关注地理位置更靠近自身的公司，因而拥有了更多的信息优势。在投资者"有限注意力"框架下，媒体报道通过两种不同的路径实现对投资者有限注意力的配置。一种路径是媒体报道释放了对投资者注意力焦点上的股票的信息，使得理性的投资者根据信息进行投资买卖行为，进而影响股票的价格（另一种路径是通过投资者情绪，这在下面章节中介绍）。Hong，Kubik 和 Stein[71] 研究认为股票市场参与者受社会关系的影响。文章通过一个简单的模型证实当投资者的社会纽带关系中的其他投资者参与了一项投资活动，该投资者也倾向于参与。而媒体通过对经济信息的搜集、分析和处理，能引起投资者的关注，而投资者通过社交圈将所关注的信息进行传播，极大地增加了享有信息的投资者数量，降低了投资者信息搜集的成本，缓解了投资者认知局限。Morris 和 Shin[72] 发现当公司信息是通过知名媒体发布的，媒体关注产生的认知效应显著增强。这是因为知名媒体具有良好的业界声誉，能保证所发布信息的可信性，加上大媒体公司拥有更广的传播渠道，促使新闻报道成为投资者的共同知识进而影响股票价格。Malemendier 和 Tare[73] 从公司内部的角度发现 CEO 获得知名媒体的奖项（如"年度 CEO"）之后公司的股票出现显著的负的超额收益，但 CEO 薪酬明显增加，虽然媒体没有提供任何关于公司基本面的新信息，如技术创新研发投入情况、财务运作情况及公司治理结构问题，而仅仅是通过公共曝光引起了投资者的注意。Barber 和 Odean[74] 认为投资者在买入股票时面临着成千上万的投资选择。根据心理学的研究，由于人的认知能力的有限性，只有那些能抓住投资者注意力（attention-grabbing）的股票才会被投资者加入投资股票池中。也就是说投资者尤其是个人投资者更倾向于购买那些引起他们关注的股票。而当面临卖出决策时，受卖空机制的约束，投资者不大可能大规模卖出他们的股票，因为通常持有的股票都是他们相对熟悉的，因此在卖出决策时，个人投资者不会面临严重的注意力约束问题。这种注意力约束对买卖决策的非对称影响必然导致投资者尤其是个人投资者对能吸引他们注意的股票产生净买入行为。Barber 和 Odean 将超额交易量、极端收益以及新闻作为注意力吸引事件（attention-grabbing event）的代理变量，实证表明这种类型的关注度吸引事件均可以导致投资者随后的净买入行为，从而引起股票价格的短暂上扬。

国内关于媒体报道与投资者关注的研究近年也有所突破。饶育蕾[75] 考察了公众注意力与股票月度收益之间的关系，发现大众媒体对上市公司的关注度越高，在接下来一个月其股票的平均收益率越低。以 2000 年 8 月至 2008 年 1 月作为样本区间，通过买入低关注度的股票卖出高关注度的股票构建的零投资套利策略具有显著的盈利性，经 Fama-French 的三因素模型调整后仍然显著。然而进一步研究发现这种异常收益主要来自高关注度的股票组合的弱势表现，而不是低关注度股票的"未报道信息溢价"。这与"有限注意"的"过度关注弱势"假设一致。董大勇，肖作平[59]以网络媒体东方财富网"股吧"发帖数据为研究对象，考察了 A 股中注册地为四川和辽宁两省的 109 家上市公司的信息交流偏误问题的存在性及影响因素和对资产价格的影响。研究发现，证券信息交流中存在"家乡偏误"现象并且这种现象对股票价格有显著影响，信息交流的本地投资者比例越大，股票价格越高，这说明相对于非本地的投资者，投资者在注册地为家乡的公司的注意力配置力度更强，因而获得的有价值信息更多。进一步的实证研究发现在有限注意作用下，公司基本面、业务本地化程度对信息交流"家乡偏误"产生影响，每股收益对本地交流比例具有显著负向影响，而公司业务的本地化比例对本地交流比例有显著的正向影响。贾春新，赵宇，孙萌[76]认为在海量信息情况下，散户投资者的决策是有限理性的，倾向于购买引起自己关注的股票，他们选择中国的限售非流通股解禁这一没有任何信息含量的事件，同时选择谷歌历史资讯数量这一更准确的投资者有限关注度指标，发现投资者关注确实会引起股票的正的回报。李小晗，朱红军[77]基于认知心理学中的"有限关注"理论，以投资者在不同周期阶段中异质关注程度作为切入点，以投资者的反应速度作为检验标杆，考察了投资者关注度对其解读信息能力的影响。研究发现，当投资者关注度较低时，信息的解读效率也降低；当投资者关注度较高时，信息的解读效率提高。另外，股市周期的不同阶段对投资者关注度亦有影响。与熊市阶段相比，关注程度对于信息解读的影响作用在牛市阶段会得到进一步放大。权小锋，吴世农[78]以盈余公告信息披露为切入点，基于有限关注视角，实证检验了投资者关注与上市公司盈余公告效应及管理层盈余公告择机行为之间的关系。研究发现，投资者关注总体上与盈余公告效应呈负相关关系，盈余公告日市场的交易量反应与投资者关注呈 U 形关系，同时基于投资者关注状态的差异，我国上市公司管理层盈余公告存在择机的时间偏好。俞庆进，张兵[79]以百度指数直接作为衡量投资者有限关注的指标，实证检验了百度指数和创业板股票市场表现的相关性，在此基础上，验证了投资者有限关注影响股票的市场交易活动。投资者的有限关注能给股票带来正向的价格压力，但这种压力会很快发生反转。

在 IPO 市场，投资者关注更为重要，投资者关注程度直接决定了 IPO 进程的顺利程度。拟上市的公司为了能成功 IPO，必须能吸引足够多的投资者关注，因为只有被投资者关注，IPO 公司发行的股票才能在二级市场上被认购和交易。而由于 IPO 公司公开信息非常有限，媒体在帮助投资者了解 IPO 公司信息方面发挥了不可替代的作用。一方面，投资者需要借助媒体了解 IPO 公司。媒体尤其是网络媒体以其强大的信息挖掘能力，通过搜索、分析和传播公司的信息，极大地降低了投资者的信息搜寻成本，成为投资者了解新股的主要的信息渠道。投资者根据媒体报道的次数和基调决定是否关注 IPO 公司。另一方面，IPO 公司借助媒体对投资者尤其是个人投资者的影响力来强化投资者对自身的认可。面对海量信息，怎么样让投资者关注自己成为 IPO 公司首要面临的问题。IPO 公司需要借助媒体这个强大的工具，通过迎合媒体偏好、利益输送等措施让媒体加强对自身希望公开的信息的大肆渲染进而吸引投资者的关注。Da，Engelberg 和 Gao[30] 提出一种能够直接衡量投资者关注的指标，即 Google 搜索量指标（SVI）。研究发现，2004～2008 年罗素 3000 股指与投资者关注存在相关但方向并不相同的关系。利用该指标捕获投资者的关注更为及时和恰当，但该指标主要反应个人投资者的关注。将该指标用到 IPO 股票中，发现同样可以预测 IPO 股票的首日收益和长期弱势现象。Cook[62]研究认为，承销商主动通过各类推介活动吸引投资者的关注，营造乐观的新股发行氛围，该研究直接使用新闻报道的数量来测度承销商的营销努力程度，即通过新闻媒体的正面报道吸引投资者的关注参与股票的交易活动。Dong

Lou[80]研究指出，公司管理层通过调整广告支出影响投资者关注短期股票价格。广告支出的增长导致个人投资者购买行为增加及同期异常收益的增长。同时，IPO 前的管理层的广告支出策略能够引起个人投资者的激进购买行为，进而使现有股东获得收益。宋双杰，曹晖，杨坤[81]利用谷歌趋势提供的搜索量数据，构建了一个投资者关注的直接衡量指标，运用行为金融学中的投资者关注理论，系统解释了 IPO 市场存在的三种异象，即 IPO 前个股网络搜索量对于市场热销程度、首日超额收益和长期表现都有更好的解释力和预测力。林振兴[82]通过对投资者网络讨论信息进行独特的整理分析，构建了投资者关注度指标。结果表明，投资者关注度与 IPO 抑价及上市首日换手率呈现显著的正相关。张维，翟晓鹏，邹高峰，熊熊[83]运用我国主板及中小板 2010～2012 年的股票数据，考虑互联网信息的影响，构建投资者关注的代理变量，同时将投资者关注分为机构投资者关注和个体投资者关注。研究发现投资者关注对 IPO "破发" 具有显著影响。综上所述，本书将投资者分成机构和个人投资者，研究网络媒体报道对两类投资者的关注影响是否存在不同进而是否对 IPO 定价产生差异，这对投资者的投资决策、IPO 公司的媒体披露时机选择等都有重要的意义。

2.2.2　媒体报道与投资者情绪

结合媒体报道偏差和投资者关注的研究，媒体对公司的重复持续报道或报道基调为正面报道有可能激发投资者的乐观情绪，导致投资者的非理性行为。具体而言，投资者尤其是个人投资者往往依赖于媒体所建立的观察事物的基础架构，习惯于根据媒体提供的信息确立自己对待问题的重视程度。这其中包含一个重要的层面即启发性层面，也就是说，公众会根据媒体议题设置的主次来调整自身的认知和赋予议题重要性和紧急性的权重，进而转化为投资者自身的观点、态度和倾向。根据 "沉默的螺旋" 理论[84]，大众一般害怕孤立，因而当他们发现自己的观点和其他大多数人不一致时，为避免与众不同而遭到嫌弃和孤立，他们一般不会固执己见坚持自己的观点，甚至一部分人会迎合多数人的观点，造成符合多数人观点的意见表达被放大和扩散；而对那些不愿迎合多数人观点的人，则会倾向于保持沉默。其结果是：意见一方的沉默造成多数人观点的增势，这种情况反复循环，从而形成强势意见的一方越来越强大，而弱势意见的一方渐渐消沉，这种情形恰似一个上大下小的螺旋发展过程。作为意见的领袖，媒体的发声很容易被大范围的扩散，投资者尤其是个人投资者的羊群行为又不断地重复、自我强化和放大媒体的意见。最后，在投资者范围内形成乐观或悲观的情绪，情绪本身又具有"传染性"，投资者的互动强化了情绪的传染效果，逐渐积累成强大的"情绪环境"，导致投资者行为的趋同效应，进而影响市场对资产的定价机制。

有限注意力理论认为，人们具有有限的信息处理能力，这种有限性又会导致认知偏差，使得投资者在做决策时的信念和偏好会出现系统性的偏差，表现为过度自信、典型性、锚定、损失规避以及心理会计等行为特征[85]。罗伯特·席勒[86]指出，投资者的认知偏差在外界信息的刺激下会进一步加大，其非理性表现会进一步加剧。而媒体恰好是重要的外部刺激信息的信息源，媒体意见很容易在金融市场上迅速蔓延并大范围扩散，对市场参与者的心理认知、主观判断和投资决策有潜移默化、甚至是立竿见影的影响。可见，媒体的影响力是个不容忽视的重大因素。Veldkamp[87]认为在伴随大量媒体报道的新兴股市的投资者往往见证了牛市的震撼和疯狂，而信息获取中的互补性可以解释这种现象。因为信息具有较高的固定生产成本，当信息较多时，其平均成本就会下降，投资者获取信息的价格就会下降。因此，投资者会购买最流行的信息（报道最多的信息）。通过构建模型发现，在两个具有相似投资者群体的资本市场中，信息充分的资本市场资产需求较高，因为信息越充分，投资风险越小。通过降低风险，信息提高了资产价格。文章利用 23 个新兴市场的股票和新闻报道面板数据对模型进行实证检验。研究结果显示，在经济繁荣时期，资产价格波动增加，媒体容易走向狂热，而狂热的媒体报道又会推动资产价格的进一步上涨和收益波动的进一步加剧。Tetlock[88] 利用华尔街日报专栏对于股市的评论分析了媒体报道内容与股市交易活动的关系。研究发现，更多媒体对股市的悲观预期导致股价产生向下的压力，之后股价将向基本面回归，而过高或过低的媒体悲观情绪能够预测市场有很大的交易量。这些结果与噪声交易模型相吻合，即媒体的悲观预期导致投资者的情绪低落。因此他认为媒体的报道内容可以作为投资者情绪的良好的代理变量。Hong，Stein 和 Yu[89] 通过特定的例子说明媒体报道煽动了投资者情绪，指出投资者情绪忽高忽低的大幅波动导致异常收益的大幅波动。Chen，Pantzalis 和 Park[90] 把媒体报道引起的投资者情绪称为媒体引致的情绪（media induced sentiment）认为媒体在市场中的角色远不止信息中介那么简单，在市场中充斥着非理性的投资者，他们极易受媒体观点的左右，形成态度的一致性进而转化为投资者的情绪。

中国正处在新兴加转轨的重要时期，股市的不完善使得中国股市常常出现大起大落的"过山车"式的震荡，股市的正反馈循环效应明显，即当股市上涨，人们预期股市会继续上涨，使得上涨预期自动实现，反之亦反之。中国有许多散户，他们的心理状态非常不稳定，而且缺乏专业的投资知识。他们的投资决策无关价值，而是呈现一种社会性的、群体性的非理性状态。一旦价格上涨的信息刺激到投资者的热情，这种热情通过心理的相互影响在人与人之间逐步扩散，在此过程中，越来越多的投资者加入到推动价格上涨的投机行列，完全不考虑资产的实际价值，而一味地沉浸在对其他投资者发达的羡慕与赌徒般的兴奋中。而一旦价格下跌的信息刺激投资者的悲观情绪，这种悲观情绪很快就会像大雾一样弥散开来。投资者见面的问候语由"你吃过吗？"到"你抛了吗？"。散户投资者的这种心理不稳定状态又极易被基金庄家和资本大鳄等大户所利用，大户通过隶属自己的基金经理和证券分析师的预测报道，不断向市场传递大户所希望的某种信息。而媒体尤其是网络媒体大量转载这些分析报告又加重了散户的认知心理，从而出现股市的震荡。因此，恐惧和贪婪在中国股市上表现得尤为淋漓尽致。另外，从社会心理学研究出发，投资者出于认同感、归属感和信息成本的考虑，往往顺从大多数人的投资策略，而放弃自身的私人信息或搜索私人信息的努力，表现出行动上的羊群行为。尤其是当公司信息环境较差时，如 IPO 公司，由于难以及时洞悉公司真实的经营状况，投资者更加依赖社会舆论、小道消息、市场流言等快捷和低成本的信息渠道。在这种情况下，媒体对投资者的影响被进一步放大。一方面，媒体的权威性成为投资者主要的信息渠道，媒体传达的观点成为"领袖意见"被投资者广泛的讨论和争辩，最后演化为认可和追捧；另一方面，中国股市严重的跟风行为和传染效应，使得媒体成为渲染市场非理性情绪的助推器。在两者的共同作用下，处在信息困境中的投资者极易被媒体的渲染左右采取趋同行为，进而演化为整个市场的极度乐观或极度悲观的情绪，体现在投资者整体的追涨杀跌行为。

关于媒体报道与投资者情绪的研究，国内近几年出现了大量的理论与实证文献。张建勇，葛少静，赵经纬[23]研究指出，媒体报道尤其是正面报道越多，投资行为越被关注，越会导致管理层过度自信从而引发企业的投资高涨情绪。余峰燕，郝项超，梁琪[91]考察了大众媒体重复旧信息行为对资产价格的影响。研究发现媒体重复信息会影响资产收益，好消息重复程度越高，涉及股票的收益越低。同时发现，机构与个人投资者对重复信息表现出不一致的反应，对机构投资者而言，重复信息不会造成实质性影响，而对个人投资者而言则会引发其投资者情绪，该结果符合投资者有限理性假说。游家兴，吴静[4]根据沉默的螺旋理论，构建了媒体情绪指标，即媒体情绪引致的投资者情绪越高，资产误定价程度越高。游家兴，郑建鑫[64]将认知心理学中的框架依赖偏差纳入分析范畴，探讨媒体在 IPO 异象产生中所扮演的角色，研究发现，当公司信息不对称程度越高时，投资者越容易对新闻报道产生框架依赖，从而加剧了媒体情绪对 IPO 异象的影响程度。林振兴[82]通过利用网络媒体（东方财富网"股吧"）的交流构建了投资者情绪指标，即看涨帖子数与总发帖数之比。研究发现，投资者情绪与 IPO 抑价并不存在必然的关系。张雅慧，万迪昉，付雷鸣[92]以 2009 年 10 月至 2011 年 4 月创业板 IPO 公司为研究样本，通过讨论 IPO 前不同时期的媒体报道情况对 IPO 绩效的影响，探讨媒体在 IPO 过程中所扮演的角色。研究发现，短期媒体报道符合投资者情绪假说，即短期媒体报道能够引发投资者的情绪。

本书将投资者分成了询价机构投资者与个人投资者，考察在 IPO 过程中，媒体报道对两类投资者行为的影响。对询价机构投资者来说，由于他们本身具有较强的专业能力且在询价过程中能够获得更多未公开的信息，如承销商的投资价值研究报告，同时还可以与 IPO 公司进行交流以解答相关的疑惑，因而具有公司价值的信息优势。然而对个人投资者来说，由于普遍缺乏搜集处理市场信息的专业能力，网络新闻媒体将成为他们主要的信息来源。因此，理论上，询价机构投资者不会被媒体情绪左右，而个人投资者投资态度则会受到媒体报道基调的影响，但实际上是否会是这种情况，另外，询价机构投资者是否会利用个人投资者的情绪谋利，通过实证检验对这些问题给予回答将有重要的现实意义。

2.3 投资者行为与资产价格相关理论

2.3.1 投资者关注与资产价格

尽管媒体报道引起了投资者的关注，但从投资者关注到资产价格的变化其实是一个过程。投资者关注是这个过程的起点，投资者对某种资产关注之后才能决定是否对其投资以及决定投资参与的程度，最终这种行为是要反映到资产价格上的。传统的金融学理论认为投资者可以轻松的在市场上获取信息，并且这些信息可以及时的反映到资产价格中。但由于传统金融学理论无法解释现实资本市场的异象，学者开始研究投资者信息获取及所获取信息反映到资产价格中的微观过程。

行为金融学认为，人类的大脑具有认知处理能力的局限，在面对大量信息时，有限关注限制了人们的学习和决策过程。在金融市场上，就某一家上市公司而言，就充斥着海量的信息，更何况金融市场上有成千上万的上市公司。显然投资者不可能选择所有的股票，而只能是认知局限约束下的选择。事实上，在资本市场上投资者的需求并不是资产本身，而是有关资产信息的需求，以至于投资者的收益其实就是关于资产的信息回报。因此，在无限的信息面前，有限的认识便成为了一种稀缺资源。Simon[93]认为过量的信息导致了人们的注意力资源的匮乏，在当前信息爆炸时代，注意力资源比信息更具有价值，并首次提出"注意力经济"（attention economy）概念。他指出在一个信息丰富的世界里，信息的丰富意味着另外一种资源的缺乏——信息消费的不足。信息的丰富导致了注意力资源的贫乏，因此需要在过量的资源中有效分配注意力。显然，人们往往会将注意力分配给特定的事件和信息，一些显著的刺激或容易获得的信息往往容易吸引人们的注意力。Peng[94]依据上述思路，基于有限注意力投资者假设的连续均衡模型，发现有限注意力投资者会更加关注股价波动性较大的股票，Peng 和Xiong[66]在 Peng[94]的基础上，结合有限关注水平和过度自信，建立了动态均衡模型。模型结论表明，有限关注水平会导致投资者归类行为，投资者会更多地获取市场及行业特征的信息，而忽视公司层面的信息，这种信息获取方式再加上过度自信，可以解释理性预期模型无法解释的收益联动现象，当市场和行业层面的冲击增加了整个市场的不确定性时，相比于公司层面的信息，投资者更多的关注市场和行业层面的信息，导致资产收益之间的联动现象。Hirshleifer，Lim 和 Teoh[68]建立了异质注意力模型，即假设金融市场上的资产交易是由于主体的异质性所引起，因为各类投资者的偏好、信念以及信息占有上的差异性，导致其对风险资产的需求数量不同进而导致资产交易的不同。他们的研究结果可以用来解释盈余相关方面的反应不足，以及反应过度等行为。Hou，Xiong 和 Peng[95]研究了投资者关注与价格收益率以及盈利动量策略的关系。研究发现，上涨的股市和交易量放大的股票具有较高的价格动量收益，下跌的股市和交易量缩小的股票具有较低的价格动量收益。长期来看，价格动量收益会发生反转，而盈余动量收益则不会。某种程度上讲，投资者在上涨的股市中关注度会提高，而伴随着投资者关注度的提高，股票交易量也会相应地增加。作者指出，投资者关注扮演着双边的角色：价格对盈余信息的反应不足随着投资者关注的下降而降低，但由投资者过度反应导致的价格上涨随着投资者关注度增加而增加。Yuan[96]实证研究了投资者关注对交易行为和市场价格动态变化的影响。作者利用道琼斯指数和关于股票市场扉页文章的极端事件作为投资者关注的指标，预测投资者的交易行为和市场收益。实证结果表明，投资者关注的影响在股票市场上普遍存在，当市场状态高涨时，更高的投资者关注导致个人投资者大幅度减少他们持有的股票；而当市场状态低迷时，更高的投资者关注导致个人投资者更为谨慎的减少他持有的股票。相比于超额交易量、超额收益率及媒体报道量作为投资者关注的间接指标。Drake，Roulstone 和 Thornock[97]研究了对盈余公告附近投资者信息需求的影响因素并且探究了信息需求的变化是如何影响资本市场对盈余的反应。作者以谷歌搜索量作为投资者信息需求的替代变量，发现盈余公告前两周的异常谷歌搜索量增加并且价格和交易量也同期增加，而在公告公布时，价格和交易量却几乎不再有所反应，这说明在发布公告前，投资者已经做了大量信息搜索。Ding 和 Hou[98]借鉴 Da，Engelberg 和 Gao[30]的研究，利用谷歌趋势提供的谷歌搜索量作为散户投资者主动关注标准普尔指数的指标，研究发现谷歌搜索量变化不能被谷歌新闻的媒体在线率和广告支出费用等被动的关注度指标来解释。进一步的研究发现，用来替代散户投资者关注度的 SVI 指标的变化，能显著扩大股票持有人数和提高股票流动性。这些结果说明，即使公司被较多的媒体关注和支出了大量的广告，如果没有投资者对其予以足够的关注，就不会购买该公司股票，更不会导致股票价格的波动。Berkman，Koch 和 Tuttle[99]研究发现，那些具有高开盘价的股票，往往是被散户关注的股票。在难以定价、套利成本较高，以及散户情绪比较高涨的情况下，较高开盘价的现象更加明显，说明投资者关注导致散户投资者的净买入行为，从而产生较高的开盘价。

在我国证券市场上，投资者关注及其所引起的证券价格的变化同样点燃了学者的研究热情。谭伟强[100]基于心理学的"有限注意"的观点，实证检验了我国股市盈余公告后投资者对不同公布时机盈余信息的不同反应，发现我国盈余公告存在显著的"周历效应"和"集中公告效应"。同时，文章发现上市公司会择机披露盈余信息以防止自身股价的大幅波动，他们更倾向于在周六公布坏消息以减少投资者的关注程度。李小晗，朱红军[77]基于认知心理学中的"有限关注"理论，以投资者在不同周期阶段中异质关注程度作为切入点，以投资者的反应速度作为检验标杆，考察了投资者关注度对其解读信息能力的影响。研究发现，当投资者关注度较低时，信息的解读效率也降低；当投资者关注度较高时，信息的解读效率提高。另外，股市周期的不同阶段对投资者关注度亦有影响。与熊市阶段相比，关注程度对于信息解读的影响作用在牛市阶段会得到进一步放大。李小晗，张鸣[101]基于注意力分配的理论，考察了在不同周期阶段下投资者注意力分配差异对盈余构成的定价偏差的影响。研究结果表明，当投资者注意力集中时，认知能力和动机增强，对信息的解读更为透彻，对会计应计和现金流量的定价比较正确；当投资者注意力分散时，认知能力受到局限，认知资源不足，对盈余信息的解读能力降低，对会计应计和现金流量的定价产生偏差。于李胜，王艳艳[102]借鉴认知心理学关于注意力分配领域的研究，将企业的盈余公告信息进一步分成市场层面、板块层面和公司层面三部分，在此基础上对我国投资者的注意力在这三者之间分配的问题进行了探讨。提出了"投资者注意力分类聚焦假说"，即信息竞争性披露的增加有利于提升投资者对市场和板块层面的信息处理，而降低了投资者对公司层面信息的处理能力。当市场和板块层面的信息在市场定价中起到主导作用时，信息竞争性披露的增加将提高投资者的市场反应。邹富[103]用百度指数的用户关注度作为注意力的代理变量，考察了投资者有限注意力对基金投资决策的影响。当投资者购买基金时，可供选择的基金池数量庞大，有限注意力的投资者必须依据自己的信息进行选择，并且证据表明投资者注意到基金以后经过 2~5 周才会中购基金且基金价格上浮明显；当投资者卖出基金时，由于所卖出的几只基金投资者非常熟悉，投资者注意力不会影响基金赎回价格。另外，文章亦指出，短期波动大和业绩好的基金更能吸引投资者的注意，基金公司的营销手段亦能引起投资者的注意力变化。沈征，肖志超[104]以媒体作为投资者注意力资源的分配机制，即用媒体报道作为投资者关注的替代变量。研究媒体报道对投资者交易行为的影响，媒体报道强度显著影响公司股票的成交量、成交金额、换手率和股票价格。随着媒体报道强度的增加，个人投资者增加买入的同时，机构投资者却实施相反的操作。应千伟，罗党论，孔东民[105]利用 2006~2010 年中国上市公司的百度指数作为投资者关注度的代理指标，实证研究发现，投资者关注度对股票的下一周持有收益有显著的正面影响，随后影响即发生反转，但反转的程度小于初始的正面影响。

投资者关注对 IPO 价格的影响理论上应更明显。在 IPO 前，公司外的投资者关注度几乎为零，IPO 公司急切地想让投资者关注该公司的股票，因为投资者的关注是能否成功发行的重要一环。在国外，如果投资者关注不足可能造成 IPO 发行失败或二级市场价格低于发行价，则 IPO 公司的承销商可能面临法律诉讼或承担新股价格的稳定义务，势必给承销商及 IPO 公司带来包括声誉在内的损失。就我们国家而言，证监会明确规定询价机构必须达到一定数量才能进行询价和进入发行的下一个环节。即使询价机构给予足够的关注，如果二级市场的投资者（个人投资者为主）不买账，IPO 公司可能面临"破发"及流动性严重不足的问题，IPO 公司同样会面临严重的信任问题。因此，在 IPO 市场上投资者关注异常重要。本书将分别考察机构投资者（询价机构）和个人投资者关注与 IPO 发行价确定及定价效率的影响，更符合中国 IPO 发行的实际，因而能为中国 IPO 公司顺利发行提供有益的借鉴。

2.3.2　投资者情绪与资产价格

关于投资者情绪研究的文献汗牛充栋，结合本书的研究，本节以投资者事前的心理认知和状况这样的直接指标刻画其情绪，而非以事后股市的市场表现这样的间接指标来刻画投资者情绪。同时重点以媒体报道引致的投资者情绪与资产价格的关系为主线展开文献的评述。证券市场的投资者一般分为机构投资者和个体投资者。一方面，机构投资者通常被假设为理性的，但根据行为金融学理论，即使投资者是理性的，其理性也是受约束的，即投资者是有限理性的。有限理性的投资者因为无法获得全部的信息，决策所依据的信息可能是有偏的，有偏的信息导致机构投资者的有偏认识，当有偏认识形成了一种共同的意见氛围，则导致机构投资者一致的市场交易行为，形成了与实际证券价格偏离的"情绪价格"。另一方面，个人投资者由于经验不足及能力欠缺一般被认为是非理性的，他们的观点极易被左右且相互之间容易"抱团"，形成羊群行为，导致资产价格的非正常波动。投资者的情绪会影响投资者进一步的市场参与行为，情绪好的投资者对未来充满乐观预期，而情绪差的投资者则显得悲观。投资者情绪的波动影响了投资者的交易行为，最终影响资产价格和整个市场的投资秩序。影响投资者情绪的因素非常多，其中媒体是一个重要的因素，媒体本身的类型（比如中央媒体和地方媒体）、媒体信息的类型（比如正面报道、中性报道和负面报道）以及媒体的信息频率（比如宣传力度和宣传手段）都会影响投资者的情绪。

Tetlock[88]利用华尔街日报专栏对于股市的评论，分析了媒体内容与股市交易活动的关系。研究发现，更多媒体对股市的悲观预期导致股价产生向下的压力，之后股价将向基本面回归，而过高或过低的媒体悲观情绪能够预测市场有很大的交易量。Hong，Stein 和 Yu[89]通过特定的例子说明媒体报道煽动了投资者情绪，且投资者情绪与股票收益的大幅波动有关。Chen ，Pantzalis 和 Park[90]指出异常媒体报道会引发投资者强烈的情绪效应和过度反应，显著增加了公司的定价偏差并导致股票的错误定价。Peress[106]以华尔街日报对盈余公告的报道数量来反映投资者关注水平及情绪，发现媒体报道数量越多，即投资者关注水平或情绪越高，股票价格和交易量在公告期间的反应越剧烈，且盈余公告的漂移现象也越弱。Antweiler 和 Frank[15]利用150万条雅虎股票论坛的信息，构建了投资者情绪指标，研究发现投资者情绪能够帮助预测市场波动，投资者情绪越高，市场波动越强烈。这层关系不仅在统计意义上显著而且在经济意义上亦显著。然后，这些论坛上的信息却对股票收益的影响很小。总之，媒体对上市公司大肆渲染和不遗余力的报道，尤其是使用强烈褒义感情色彩词汇的正面报道，影响了投资者的过度乐观情绪，投资者将这种情绪融入到具体交易行为中，这种非理性的市场参与行为使得资产价格偏离其内在价值。情绪投资者往往忽略基本面因素，无视股票未来现金流和风险状况，通过跟风购买和不断认购其情绪集中点的股票，导致该股票的超额需求，最终影响股价的非正常暴涨，影响金融市场的良序发展。

国内学者游家兴，吴静[4]运用文本内容分析方法，从媒体报道基调、曝光程度、关注水平三个维度构建了衡量媒体情绪指数的评价指标，以此考察媒体情绪与资产定价的关系。研究发现，媒体情绪将产生共鸣，所形成的意见气候将引发投资者的趋同行为，形成决定股票投资行为的投资者情绪。媒体传递的情绪越高涨，投资者的预期越乐观，对资产误定价的影响越明显，股票价格偏离基本价值的幅度越大，并且媒体传递的情绪对资产误定价的影响存在不对称性，乐观的情绪更容易推高价格向上的偏离，导致泡沫。张雅慧，万迪昉，付雷鸣[107]以富豪榜上榜事件为研究对象，探讨了中国股市上的"媒体效应"产生的原因，实证检验了"风险补偿学说"和"过度关注弱势学说"的适用性。研究结果表明，媒体报道在事件期产生了负的超额收益，而通过倾向得分匹配构建的对照组股票超额收益并不显著，说明"风险补偿学说"并不成立。通过日历时间组合方法在事件日被媒体高关注的股票获得显著的正收益，在事件日后发生发转，说明"过度关注弱势学说"在中国股市得到检验，这说明媒体关注诱发了投资者的情绪，导致股价上涨；而在情绪消退之后，股价回归基本价值，出现反转现象。刘维奇，刘新新[108]将个人和机构投资者情绪的影响进行对比研究，以明确两种情绪在市场中扮演的角色。文中利用中登公司公布的月个人及机构新增开户数作为投资者情绪的代理指标（通过回归分析排除宏观因素的影响），研究发现机构投资者情绪可以帮助预测个人投资者情绪，而个人投资者情绪却不能预测机构投资者情绪。进一步的研究发现，投资者关注越高的股票，其收益对投资者情绪变化的敏感度越高。这一点在机构及个人投资者情绪变化的敏感度上保持一致。张宗新，王海亮[109]通过构建模型，对主观信念调整引致的市场异常波动路径进行刻画，即信念调整诱发投资者情绪，而投资者情绪导致市场波动。实证表明，不同信息偏好将导致不同的情绪波动频率，投资者情绪对市场收益及波动具有正面冲击效应。

　　在我国 IPO 市场上，由于 IPO 仍是一种稀缺资源，新股发行之初，持续的高抑价形成了"新股不败"的神话，投资者尤其是个人投资者对新股发行形成了一种先验的乐观情绪，卖空机制的缺失使得市场缺乏对情绪的自动制衡机制，导致二级市场交易价格的大幅度提高，这种现象又会反馈到一级市场定价中，拔高了发行价。因此，在我国 IPO 市场上，投资者情绪效应体现得尤为显著，学者也对此展开了研究。

熊艳，李常青，魏志华[110]指出媒体报道加剧了二级市场投资者非理性程度，增强首日换手率，降低二级市场定价效率；且媒体报道在主板市场信息效应最强，在创业板市场情绪效应最强。一般来说，在 IPO市场上，过度乐观的投资者情绪降低了定价效率，扰乱了金融市场的秩序，不利于理性投资者的培养，最终损害投资者和上市公司的利益。本文选择 IPO 公司作为研究的对象，分别考察媒体报道频率和基调是否会引致机构和个人投资者的情绪，进而反映到 IPO 发行价和二级市场价格中。这对理解 IPO 发行的"三高现象"、提高 IPO 定价效率和改善 IPO 市场环境有积极意义。

2.4 本章小结

本章根据研究问题对相关文献进行了梳理。作为对本章的总结，下面以图形的形式对上述文献背后的逻辑关系加以归纳（见图 2.1），以清晰地理解所研究问题的本质。

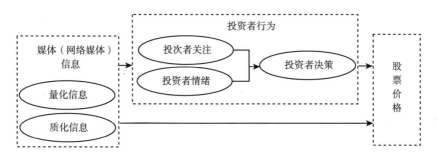

图 2.1 文献研究逻辑关系

图 2.1 表明，部分文献直接研究了媒体包括网络媒体与股票价格的直接关系。但本质上，股票价格的变动必然是来自投资者的某种行为，媒体信息影响股票价格的具体过程和传导机制当然也是通过投资者行为发生的。媒体信息通过影响投资者的注意力和情绪，然后改变

投资者的投资决策行为，包括投资类型、参与程度和价格预期，最终反映到股票价格中。本章以此逻辑对文献进行梳理和评述，为后文的展开提供理论前提和指导。

第3章 网络媒体环境下 IPO 定价模型研究

Allen 和 Gale[111]认为资产价格从某种意义上可以理解为信息的集成器，因此信息对资产价格具有重要影响。本章在新股询价发行制度背景下，将网络媒体信息所引起 IPO 公司价值的变化量当作随机变量，假定发行人及询价机构投资者具有贝叶斯理性，能够运用贝叶斯法则更新其信念，在理性预期均衡框架下推导出 IPO 均衡价格，从理论上说明网络媒体信息影响 IPO 发行价的机理及对 IPO 发行价调整的影响。

3.1 引言

由于 IPO 公司曝光度低，关于公司的公开信息相对有限，公司与外部市场参与者之间存在明显的信息不对称，由于先天性的信息传播优势，媒体在 IPO 过程中扮演着其他主体所不能替代的作用。尤其是财经媒体常以追踪的方式对上市公司进行深度报道或以信息垄断的方式进行独家报道，向市场参与者提供了新的信息，使得媒体具备了信息生产的功能，极大地降低询价机构的新信息的获取成本，因此，媒体信息能够影响询价机构投资者的参与报价行为。本章结合我国新股发行制度背景，在理性预期均衡框架下推导出 IPO 定价的均衡解，从理论上说明网络媒体信息影响 IPO 发行价的机理。

　　2005 年中国新股发行实行询价制以来，经历了 4 次大的改革。在 2010 年 10 月第 2 次改革中，证监会指出"主承销商应当在询价时向询价对象提供投资价值研究报告"和"发行人及其主承销商必须披露参与询价的机构具体报价情况"，以使新股定价更为透明。此后，中国 IPO 询价过程就主要包括以下的 3 个步骤：首先，发行人和主承销商刊登招股公告，同时主承销商结合资本市场行情、可比公司估值等出具 IPO 公司的投资价值研究报告；其次，主承销商组织路演活动并向询价机构投资者询价，从而获得初步询价区间；最后，发行人和主承销商依据初步询价信息进行累计投标（主板）定价或直接协商（中小板、创业板）确定发行价格，同时披露配售对象的申报信息和刊登发行公告。一般来说，新股最终发行价格相对于投资价值进行了调整，这种调整是由于发行人和承销商在询价阶段获得了关于公司内在价值的新的信息。新的信息既包括询价机构通过实地调研和专业分析获得的私人信息，又包括媒体生产的新信息。那么承销商在获得询价机构投资者的私人信息和媒体生产的新信息后，如何将它们反映到 IPO 定价中？本章就此展开深入分析。

　　关于 IPO 定价的研究，最经典的是询价理论。Benveniste 和 Spindt[112]首次将新股发行看作一种拍卖行为，通过构建模型研究投资银行如何通过询价机构进行定价和配售新股。他们研究发现，为收集询价机构所掌握的关于 IPO 公司真实价值的信息，投资银行或承销商必须在 IPO 的分配上实行数量歧视，即分配更多的股份给报价高的询价机构，而不分配或少分配股份给报价低的投资者，报价高的拥有真实信息的询价机构越多，IPO 发行价越高。同时，作为对拥有真实信息询价机构真实披露信息的回报，IPO 必须保持一定程度的抑价，否则会导致激励不足问题，致使询价机构隐藏有利信息。另外，他们在文中也指出，由于承销商与询价机构投资者之间是一种重复博弈行为，因此承销商的信息收集成本要低于一次性博弈。这是因为如果询价机构投资者在一次报价中谎报获利，则他需承担永久被排除在 IPO 申购之外的风险；同时询价机构投资者也会继续申购某一次明知是低质量 IPO 公司以取得与承销商长久的合作关系。后续的 IPO 定价研究主要是在 Benveniste 和 Spindt[112]的基础上进行扩展，研究的主题也主要集中在可行和最优询价机制的设计。Benveniste 和 Wilhelm[113]进一步比较了数量歧视和价格歧视对 IPO 定价的影响。作者指出在 IPO 股份被分配给机构和散户投资者的条件下，最优的发行定价是综合运用数量歧视和价格歧视两种工具，而禁止价格歧视的统一发行价增加了承销商从询价机构投资者处收集信息的成本。因此承销商必须用更低的发行价诱使询价机构投资者真实披露他们拥有的有利信息。Sherman 和 Titman[114]进一步放松 Benveniste 和 Spindt[112]中承销商信息收集无成本的假设，认为询价阶段承销商的信息收集是有成本的，信息收集越充分，IPO 定价越精确，与此对应发行成本也越高。他们通过构建信息收集模型求解出 IPO 最优信息收集量并分析了 IPO 抑价的原因。Bennouri 和 Falconieri[115]运用机制设计理论，研究风险规避的机构投资者异质预期下 IPO 配售策略。研究表明：在承销商具有自主配售权条件下，存在一个门槛值，当所有机构投资者揭示的私人信息小于这一门槛值时，将不能获配，新股全部配售给散户投资者；当机构投资者揭示的私人信息大于这一门槛值时，机构投资者获配的数量随私人信息的增强即报价的提高而增加，具体配售数量为满足一特定方程的解。同时发现当机构投资者同质预期时，门槛值大于异质预期下的门槛值，说明承销商通过提高获配门槛值对构投资者合谋进行惩罚，配售方案为机构投资者之间同比例配售。Zhang[116]研究了信息精度对 IPO 定价的影响。模型表明，更为精确的信息对 IPO 定价有更为显著的影响，且信息噪声同样在 IPO 中被部分定价，文章的研究对理解 IPO 定价及发行价调整现象提供了良好的研究范式。Liu，Sherman 和 Zhang[27]在 Benveniste 和 Spindt[112]及 Sherman 和 Titman[114]的模型基础上加入媒体信息因素，即媒体通过某种信息的释放引发投资者关注，进而研究投资者的关注下 IPO 定价及最优配售规则，以及投资者关注对发行人造成的利弊。

53

模型结果显示，投资者关注显著影响 IPO 定价及发行价调整。在实证部分，作者将 IPO 前一个月标题包含公司名称的媒体的新闻条数作为投资者关注的替代变量，考察了投资者关注对发行价修正及首日回报的影响。实证结果表明，用媒体信息替代的投资者关注因素与 IPO 发行价修正与首日回报具有显著的正向关系，并且在控制发行价调整因素的条件下，每增加一条媒体信息，IPO 首日回报增加 1.9%。另外，文章也指出媒体报道与 IPO 抑价的关系在事前不确定大的公司更为明显，并且内生关注和外生关注对 IPO 发行价及抑价的影响不同。

　　国内 IPO 定价模型研究中，周孝华，熊维勤，孟卫东[117]利用统一价格份额拍卖的分析方法，在机构投资者同质且风险中性假设的前提下，以期望效用最大化为目标，研究了机构投资者在 IPO 前申购总量确定与不确定条件下的最优报价策略，并推导均衡时的 IPO 发行价格。张小成，黄少安，周永生[118]以机构投资者期望效用最大化为目标，研究了不同发行机制下，IPO 定价及抑价模型。模型结果表明，固定价格和询价发行都不能消除 IPO 抑价，且投资者异质预期越大，IPO 抑价也越高；与固定价格发行机制相比，在投资者异质预期相同的假设下，询价发行的发行价更高。周孝华，姜婷，董耀武[119]结合我国询价制的现实，研究了机构投资者在初步询价和累计投标询价两阶段条件下的报价策略及 IPO 价格形成。研究发现，机构投资者在初步询价过程中存在隐藏需求报价的动机，且需求隐藏比例越大，IPO 发行价格越小。姜婷[120]对现行"价高者得"的配给规则进行改进，利用演化博弈理论对询价对象建立单群体模仿者动态模型，提出"价近者得"的配给规则，并发现该规则更能提高 IPO 询价效率。

　　本章在前人研究的基础上，引入网络媒体信息并将其影响 IPO 公司价值的变化量看作随机变量，在理性预期均衡框架下推导出 IPO 均衡价格，从理论上说明网络媒体信息影响 IPO 发行价的机理及对 IPO 发行价调整的影响。

3.2　问题描述

1. IPO 公司（以下简称发行人）总的股份为 1，发行数量为 α，其中网下配售比例为 ϕ（$0<\phi<1$）且事前给定。市场上存在一种无风险资产，为简单起见，我们假设无风险资产的收益率为 0。承销商与发行人利益一致，在下文中会交替使用。假设承销商和询价机构投资者是理性的，且询价机构投资者同质，因此，下文分析中以代表性机构投资者表示。代表性机构投资者和发行人都是风险厌恶的，且为 CARA 型效用函数，风险规避系数分别为 β，γ。发行人内在价值事前未知，但承销商和代表性机构投资者对其有一个先验估计，即认为发行人的内在价值为 $V_0 \sim N(\overline{V}, 1/\rho_V)$。

2. 模型分成三个时期：$t=0$，$t=1$ 和 $t=2$ 时期，如图 3.1 所示。

图 3.1　IPO 流程

在 $t=0$ 时期，承销商通过前期辅导和"尽职调查"，依据自己掌握的私人信息撰写投资价值报告，认为 IPO 公司合理的价值为 p_0（事实上，承销商一般出具的投资价值报告为一个价格区间，这里的 p_0 可以理解为价格区间的中点值），承销商的私人信息为 $S_U = V_0 + \varepsilon_U$，其中 $\varepsilon_U \sim N(0, 1/\rho_U)$，$V_0$ 与 ε_U 相互独立；在 $t=0$ 时期至 $t=1$ 时期之间，发行人进行预披露信息，在无异议的情况下报证监会备案并刊登招股公告，承销商组织网下路演活动，邀请询价机构投资者参与询价。在这个过程中，代表性机构投资者利用自身的较强的研报能力挖掘到一个关于发行人内在价值的私人信号 $S_1 = V_0 + \varepsilon_1$，其中 $\varepsilon_1 \sim N(0, 1/\rho_1)$，$V_0$ 与 ε_1 同样相互独立。尽管询价机构投资者由于较强的专业能力且在询价制下可通过参与路演活动直接与 IPO 公司进行交流以解答相关的疑惑，因而具有相对的信息优势，但在我国新股上市进程的安排中，从发布招股意向书到询价结束一般在半个月时间内完成，在如此短的时间内询价机构挖掘发行公司更精确的信息可能并不现实。而网络媒体尤其是网络财经媒体在 IPO 公司过会后常以追踪的方式对其进行深度报道或以信息垄断的方式进行独家报道，向市场参与者提供了新的信息，使得网络媒体具备了信息生产的功能。由于网络媒体报道具有公开性，因此在性质上网络媒体报道的信息属于公共信息，能同时被市场所有参与者观察到，但不同的投资者对其的解读能力不同，所获得的信息含量和信息质量不同。假设理性的承销商和代表性投资者都观察到网络媒体报道所体现的公共信息 S_Δ，该公共信息使得承销商及代表性机构投资者认为 IPO 公司内在价值的变化量为 ΔV，即 $S_\Delta = \Delta V + \mu$，其中 $\Delta V \sim N(0, 1/\rho_\Delta)$，$\mu \sim N(0, 1/\rho_\mu)$，$\Delta V$ 和 μ 相互独立。事实上，ΔV 应服从均值为 $\overline{\Delta V}$ 的正态分布，即 $\Delta V \sim N(\overline{\Delta V}, 1/\rho_\Delta)$，但除了增加模型的运算复杂度外，并不会影响模型的结果，因此为简化起见，令 $\overline{\Delta V} = 0$。需要说明的是，即使如前所述网络媒体报道存在偏差，但由于以下两个原因，承销商和代表性机构投资者仍会认为网络媒体信息能够导致 IPO 公司的价值变化。第一，网络媒体报道信息真伪的验证需要一段时间或成本非常高昂，使得承销商和代表性机构投资者在较短的时间阶段无法验证信息的真伪，只能以此信息作为决策的基础；第二，即使承销商和代表性投资者知道某家网络媒体报道的信息存在偏误，但媒体的竞争使得总的网络媒体信息可能并不存在偏误。另外虽然网络媒体报道信息影响二级市场投资者的市场参与行为，但承销商和代表性机构投资者可能会把网络媒体信息对二级市场投资者的影响提前反映到询价和定价中。在 $t = 1$ 时期，通过收集代表性机构投资者的报价信息和网络媒体生产的新信息，承销商确定最终发行价格 p_1，我们之所以利用代表性机构投资者的报价信息，是因为在确定 IPO 发行价格时，证监会存在一个不成文的规定，一般要求 IPO 发行价格在所有机构投资者的报价均值或中位数附近。在 $t=2$ 时期，IPO 公司股票清算（即 IPO 公司股票持有者交割股票），假设 V_0，ε_U，ε_I，ΔV，μ 相互之间都独立，则公司的清算价值为 $V=V_0+\Delta V$。

3. 一般情况下，p_1 与 p_0 是不同的，假设承销商需要支付 $C_p(p_1-p_0)^2$ 的调整成本，其中 C_p 是外生给定变量。做出这样的假设是合理的：如果最终发行价远远偏离出具的投资价值范围，询价机构投资者及潜在的发行人可能会质疑承销商的定价能力，同时询价机构投资者也会考虑是否愿意成为承销商的长期合作伙伴，这势必对承销商的声誉造成损失。因此，偏离越大，承销商声誉损失越严重，等价于承销商支付的成本越高。

3.3　模型分析

3.3.1　模型求解

以下内容的分析是在理性预期均衡框架下进行的，因此，首先对理性预期均衡进行简单的介绍。在金融资产定价中，理性预期均衡是一个适应于信息结构的价格（随机）过程，也即投资者根据得到的信息对未来做出最佳的预期。理性预期均衡满足两个条件：（1）每位投资者都能实现对自己跨期的投资策略的优化；（2）在任何时期的任何状态下市场上所有投资者持有的证券数量不变，市场都处于均衡状态。根据理性预期均衡问题的性质，我们用倒推法来求解均衡解，即发行价格 p_1 和投资价值 p_0。

1. $t=1$ 时期的发行价格。

在 $t=1$ 时期，承销商以发行价 p_1 出售 a 份股票以最大化其在 $t=2$

时期的期望效用，即：

$$\max_{p_1} E_1 \left[-e^{-\gamma[p_1 a - C_p(p_1-p_0)^2 + (1-a)V]} \right] \tag{3.1}$$

根据 CARA 效用函数的性质，（3.1）式等价于（3.2）式。

$$\max_{p_1} \gamma a p_1 - \gamma C_p (p_1-p_0)^2 + \gamma(1-a)E(V|I_1^U) - (1/2)\gamma^2(1-a)^2 \mathrm{var}(V|I_1^U) \tag{3.2}$$

其中，I_1^U 为承销商在 $t=1$ 时期的信息集，$I_1^U = \{V, S_U, S_I, \overline{\Delta V}, S_\Delta\}$，其中 $\overline{\Delta V}=0$。承销商的信息集 I_1^U 表示在 $t=1$ 时期，承销商不仅拥有自己的私人信息和网络媒体报道的公共信息，还通过申购报价掌握了代表性投资者的私人信息。假设最优的发行价格为：

$$p_1^* = k_0 + k_1 \overline{V} + k_2 S_U + k_3 S_I + k_4 S_\Delta \tag{3.3}$$

在给定 IPO 发行价格 p_1 的条件下，代表性机构投资者决定股票需求量以最大化其在 $t=2$ 时期的期望效用，即：

$$\max_{a\phi} E_1 \left[-e^{-\beta[W+a\phi(V-p_1)]} \right] \tag{3.4}$$

其中，W 表示代表性机构投资者的初始财富。（3.4）式等价于（3.5）式。

$$\max_{a\phi} \beta W + \beta a\phi \left[E(V|I_1^I) - p_1 \right] - (1/2)\beta^2 a^2 \phi^2 \mathrm{var}(V|I_1^I) \tag{3.5}$$

其中，I_1^I 为代表性机构投资者在 $t=1$ 时期的信息集，$I_1^I = I_1^U = \{\overline{V}, S_U, S_I, \overline{\Delta V}, S_\Delta\} = I_1$，这意味着代表性机构投资者不仅拥有个人私人信息及网络媒体报道的公共信息，同时通过投资价值报告同样拥有了承销商的私人信息。

（3.5）式对 $a\phi$ 求一阶导数，得到最优股票需求量：

$$a^* = \frac{1}{\beta\phi \mathrm{var}(V|I_1)} \left[E(V|I_1) - p_1 \right] \tag{3.6}$$

下面的计算要用到 Kyle 引理，（Kyle，1989）：若随机变量 ξ_0，

$\xi_1, \cdots, \xi_k$ 相互独立，且 $\xi_0 \sim N(a, \frac{1}{\tau_0})$, $\xi_i \sim N(0, \frac{1}{\tau_i})$, $i = 1, 2, \cdots, k$, 令

$\tau^* = D^-(\xi_0 \mid \xi_0 + \xi_1, \cdots + \xi_0 + \xi_k)$, 则有：$\tau^* = \tau_0 + \sum\limits_{i=1}^{k} \tau_i$, $E(\xi_0 \mid$

$\xi_0 + \xi_1, \cdots, \xi_0 + \xi_k) = a + \sum\limits_{i=1}^{k} \frac{\tau_i}{\tau^*}[\xi_0 + \xi_i - E(\xi_0 + \xi_i)]$

根据 Kyle 引理，可以直接计算：

$$\pi \equiv E(V \mid I_1)$$

$$= \left(\frac{\rho_V}{\rho_V + \rho_U + \rho_I}\right)\overline{V} + \left(\frac{\rho_U}{\rho_V + \rho_U + \rho_I}\right)S_U$$

$$+ \left(\frac{\rho_I}{\rho_V + \rho_U + \rho_I}\right)S_I + \left(\frac{\rho_\mu}{\rho_\mu + \rho_\Delta}\right)S_\Delta \qquad (3.7)$$

$$\sigma^2 \equiv \mathrm{var}(V \mid I_1)$$

$$= \left(\frac{1}{\rho_V + \rho_U + \rho_I}\right) + \left(\frac{1}{\rho_\mu + \rho_\Delta}\right) \qquad (3.8)$$

在均衡条件下，新股的需求与供给相等，将（3.6）式带入（3.2）式得到（3.9）式。

$$\max_{p_1} \frac{\gamma}{\beta\phi\sigma^2}(\pi - p_1)p_1 - \gamma C_p(p_1 - p_0)^2 + \gamma\left[1 - \frac{\gamma}{\beta\phi\sigma^2}(\pi - p_1)\right]\pi$$

$$- (1/2)\gamma^2\left[1 - \frac{\gamma}{\beta\phi\sigma^2}(\pi - p_1)\right]^2\sigma^2 \qquad (3.9)$$

对 p_1 求一阶导数整理得到：

$$p_1^* = \theta\pi + (1 - \theta)p_0 - \vartheta\sigma^2 \qquad (3.10)$$

$$\theta = \frac{2\beta\phi + \gamma}{2\beta\phi + \gamma + 2C_p\beta^2\phi^2\sigma^2} \qquad (3.11)$$

$$\vartheta = \frac{\beta\phi\gamma}{2\beta\phi + \gamma + 2C_p\beta^2\phi^2\sigma^2} \qquad (3.12)$$

2. $t = 0$ 时期的发行价格。

在 $t = 0$ 时期，承销商的信息集为 $I_0^U = \{\overline{V}, S_U, \overline{\Delta V}\} \in I_1$，承销商选择

p_0 使其在 $t = 2$ 时期的期望效用最大化，即：

$$\max_{p_0} E_0 \{ \gamma a p_1 - \gamma C_p (p_1 - p_0)^2 + \gamma (1 - a) E(V | I_1^U)$$
$$- (1/2) \gamma^2 (1 - a)^2 \mathrm{var}(V | I_1^U) \} \tag{3.13}$$

对 p_0 求一阶导数，整理得到：

$$p_0^* = E(p_1 | I_0^U) \tag{3.14}$$

将（3.10）式带入（3.14）式可得（3.15）式。

$$p_0^* = \theta E(V | I_0^U) + (1 - \theta) p_0^* - \vartheta \sigma^2 \tag{3.15}$$

（3.15）式整理得到（3.16）式。

$$p_0^* = E(V | I_0^U) - \frac{\vartheta}{\theta} \sigma^2 \tag{3.16}$$

再次利用 Kyle 引理，得到（3.17）式。

$$E(V | I_0^U) = \frac{\rho_V}{\rho_V + p_U} \overline{V} + \frac{\rho_U}{\rho_V + p_U} S_U \tag{3.17}$$

3. 均衡结果。

将（3.17）式带入（3.16）式，再将结果带入（3.10）式，结合（3.3）式，整理得到（3.18）式。

$$p_0^* = m_0 + m_1 \overline{V} + m_2 S_U \tag{3.18}$$
$$p_1^* = k_0 + k_1 \overline{V} + k_2 S_U + k_3 S_I + k_4 S_\Delta$$

其中：

$$m_0 = k_0 = -\frac{\beta \phi \gamma}{2 \beta \phi + \gamma} \sigma^2 \tag{3.19}$$

$$m_1 = \frac{\rho_V}{\rho_V + \rho_U}, m_2 = \frac{\rho_U}{\rho_V + \rho_U} \tag{3.20}$$

$$k_1 = \theta \frac{\rho_V}{\rho_V + \rho_U + \rho_I} + (1 - \theta) \frac{\rho_V}{\rho_V + \rho_U} \tag{3.21}$$

$$k_2 = \theta \frac{\rho_U}{\rho_V + \rho_U + \rho_I} + (1 - \theta) \frac{\rho_U}{\rho_V + \rho_U} \qquad (3.22)$$

$$k_3 = \theta \frac{\rho_I}{\rho_V + \rho_U + \rho_I}, k_4 = \theta \frac{\rho_\mu}{\rho_\mu + \rho_\Delta} \qquad (3.23)$$

由 (3.3) 式和 (3.18) 式得出 IPO 发行价调整为:

$$\Delta p = p_1^* - p_0^* = (k_1 - m_1)\overline{V} + (k_2 - m_2)S_U + k_3 S_1 + k_4 S_\Delta \quad (3.24)$$

3.3.2 结果分析

1. 对 IPO 发行价格的分析。

从 (3.3) 式可知, IPO 发行价格由五部分组成, 分别为常数项、承销商及机构投资者的先验估计、承销商的私人信息、询价机构投资者的私人信息及网络媒体报道所体现出的 IPO 基本价值的信息。承销商及机构投资者的先验估计可能来自于同行业可比公司的价值, 也可能来自近段时间市场行情的走势, 还可能来自国家政策对某项业务或产品的导向; 承销商的私人信息 (体现在其出具的投资价值报道) 源自于承销商的上市辅导及"尽职调查"。在我国, 承销商既是发行人发售股票的承销者, 又是发行人上市的保荐人。承销商在发行人上市前通过"尽职调查"挖掘发行公司真实价值并帮助解决企业上市所要求的财务与法律问题, 而在上市后仍需要对发行公司进行持续督导, 因此承销商拥有上市定价的信息优势; 询价机构投资者的私人信息源自于询价机构投资者的投资经验、强大的研究分析实力所形成的对 IPO 基本价值的洞察。在 IPO 领域, 询价发行制度之所以能够渐进取代固定发行制度, 就在于其能够充分发挥询价机构投资者的价格发现能力, 提高 IPO 定价效率。询价机构投资者具有强大的专业能力, 他们能够在研读发行人招股文件的同时发现可能存在的异常情况, 进而采取核查或派研究员实地调研的手段进一步核实研判, 从中发现公司瑕疵或价值亮点; 网络媒体报道所包含的公司价值新增信息 (体现在媒体报

道对公司价值的态度和评论）源自于媒体的跟踪深度调查。公司 IPO
前，其公开信息非常有限，对外部投资者而言公司的运行就像"黑箱"
一样。媒体的质疑天性和寻根究底的职业操守以及新闻记者的工作激
励（原创，深度，及时的新闻报道能为新闻记者带来更高的声誉进而
更好的未来发展机遇）刺激媒体投入更多的资源，推出关于 IPO 公司
的具有重要影响力的深度调查报道。这些报道能为市场参与者提供关
于 IPO 公司价值的新增信息。

从（3.20）式、（3.21）式、（3.22）式及（3.23）式很容易判断
k_1，k_2，k_3，k_4 均大于 0 且小于 1，这意味着承销商在对 IPO 最终定价
时，并没有把获得的信息全部纳入 IPO 发行价中。首先，易知 $k_1 + k_2$
$+ k_3 = 1$，即承销商对获得的先验估计信息、承销商自身信息及询价机
构投资者的私人信息进行加权平均；然后，在此基础上融入一部分网
络媒体报道信息。针对询价机构投资者的报价信息来说，承销商并没
有把这些信息完全包含在 IPO 定价中，这与经典的询价理论结果一致。
询价理论认为承销商只将部分机构投资者的私人信息纳入到 IPO 发行
价中，而留一部分钱在桌面上（left some money on the table）以补偿揭
示真实私人信息的机构投资者。2005 年正式实施询价制以来，在 2009
年 6 月第 1 次变革之前，中国的 IPO 抑价率非常高，这主要是中国证
监会对新股发行实行价格管制，导致询价机构投资者的报价只能很少
反映到新股定价中，即 k_3 非常小。在 2009 年证监会全面放松了对发行
市盈率的行政管制之后，中国 IPO 市场频繁出现"破发"现象，尽管
有多种解释，但不可否认承销商大幅度提高询价机构投资者私人信息
在 IPO 定价中所占比例是一个重要的影响因素，因为根据对 IPO 发行
价格的统计，IPO 发行价格大多在询价机构报价均值附近。针对网络媒
体报道信息来说，承销商同样并没有把这些信息全部纳入 IPO 定价中。
根据现有理论可以从两个方面对此做出合理解释：第一，如果把网络
媒体报道信息理解为公共信息的话，可以用 IPO 价格的偏调整理论来
解释，即 IPO 发行价对公共信息进行了不完全调整。Loughran 和 Rit-

ter[121]利用远景理论对此进行了解释。Edelen 和 Kadlec[122]则通过发行人剩余理论解释了 IPO 发行价对等待期公共信息（以市场收益表示）进行不完全调整的事实。Leite，Bakke 和 Thorburn[123]将公共信息加入 Benveniste 和 Spindt[112]的询价理论模型，直接证明了发行价格的确对公共信息进行了部分调整；第二，网络媒体报道的倾向可能本身传递了高涨或低迷的市场情绪，或引致了投资者尤其是个人投资者的情绪。我们可以合理预期：面对个人投资者的乐观情绪，承销商的理性选择是一方面利用情绪拔高发行价格，获得与融资金额成正比的承销费；另一方面承销商可能不会把乐观情绪全部反映到 IPO 定价中，因为一旦情绪消退较快，股价低于发行价，承销商将蒙受一定的经济与声誉损失。Derrien[124]将投资者情绪引入新股定价过程，认为 IPO 上市后的价格取决于机构投资者的私人信息和噪声交易者的情绪，在承销商履行价格稳定义务的条件下，承销商并不会将噪声交易者的情绪完全反映到 IPO 定价中。Ljungqvist，Nanda 和 Singh[125]建立了一个关于 IPO 公司对投资者情绪的反映模型，作者同样指出存在承销商对 IPO 价格进行不完全调整的现象。

同时，根据（3.7）式可知，代表性机构投资者对 IPO 公司价值的后验估计与网络媒体报道的关于公司价值变化的信息 S_Δ 正相关，即网络媒体报道的关于 IPO 公司价值变化的正面信息越多，价值变化量 S_Δ 越大，代表性机构投资者对 IPO 价值的后验估计越高。如果代表性机构投资者根据其后验估计对 IPO 进行报价，则其报价将与网络媒体报道的基调存在相关关系。

另外，（3.3）式对 ϕ 求一阶导数，得到 $\frac{\partial p_1^*}{\partial \phi}<0$，即配售给网下询价机构投资者的数量越多，IPO 发行价格相对越低。对此一种合理的解释为：如果网下新股配售总量过低，一家或少数几家询价机构的申购量就足以吸收全部配售的新股。而获配新股几乎等于获得盈利的先验认识使得询价机构投资者为获得新股配售权过度竞争。这为承销商利

用询价机构的噪声高报价作为新股定价依据提供了便利，使得新股的最终定价显著高于询价机构报价的总体水平。俞红海，刘烨，李心丹[126]通过实证研究在中国 IPO 市场上证实了这一结论。

2. 对 IPO 发行价调整的分析。

（3.24）式是 IPO 发行价调整的表达式，IPO 发行价调整指发行价相对于询价前招股文件上承销商给出的定价（filing price）的调整。一般来说，发行价调整是 IPO 必要的过程，因为从承销商撰写投资价值报道到 IPO 发行价的确定中间需要一段时间。在这段空档期，IPO 主要经历招股文件的公布及询价过程。在这个过程中，一方面询价机构投资者通过自身挖掘到的 IPO 公司基本价值的私人信息，为承销商提供了新股价值的新的决策信息；另一方面招股文件公布前后，IPO 公司开始较多地出现在公众的视野中，网络媒体开始大举介入，通过媒体的挖掘能够为承销商提供新增信息。因此，承销商在获得有关新股基本价值的信息后，会根据信息的"好"和"坏"对发行价进行相应的上调或下调。

式（3.24）分别对 S_I，S_Δ 求一阶导数得到（3.25）式和（3.26）式。

$$\frac{\partial(\Delta p)}{\partial S_I} = \theta \frac{\rho_I}{\rho_V + \rho_U + \rho_I} > 0 \qquad (3.25)$$

$$\frac{\partial(\Delta p)}{\partial S_\Delta} = \theta \frac{\rho_\mu}{\rho_\mu + \rho_\Delta} > 0 \qquad (3.26)$$

（3.25）式和（3.26）式表明，承销商获得的询价机构投资者的私人信息越多，IPO 发行价调整越大；承销商获得的网络媒体信息越多，IPO 发行价调整越大。具体来说，如果 $S_I < V_0$，即询价机构投资者获得关于公司基本价值的不利信息，IPO 发行价向下调整的幅度越大；同样，如果 $S_\Delta < 0$，即如果网络媒体报道的信息为负面信息，则承销商会对 IPO 发行价进行向下的调整。进一步，来看调整成本是否是阻碍承销商将私人信息和公共信息完全纳入发行价的因素。一般来说，承销商并不情愿对询价机构的私人信息和网络媒体报道的信息进行完全调

整，因为这会导致调整成本的增加。然而，我们将会看到调整成本并不必然是阻碍承销商对两种信息进行部分调整的因素。

$$\lim_{C_p \to 0} \frac{\partial(\Delta p)}{\partial S_I} = \lim_{C_p \to 0} \theta \frac{\rho_I}{\rho_V + \rho_U + \rho_I} = \frac{\rho_I}{\rho_V + \rho_U + \rho_I} \, \epsilon(0,1) \qquad (3.27)$$

$$\lim_{C_p \to 0} \frac{\partial(\Delta p)}{\partial S_\Delta} = \lim_{C_p \to 0} \theta \frac{\rho_\mu}{\rho_\mu + \rho_\Delta} = \frac{\rho_\mu}{\rho_\mu + \rho_\Delta} \, \epsilon(0,1) \qquad (3.28)$$

当调整成本 C_p 趋于 0 时，承销商仍然对两种信息进行了部分调整。

接下来看询价机构投资者的私人信息及网络媒体报道的信息的精度对 IPO 发行价调整的影响。

$$\frac{\partial\left[\frac{\partial(\Delta p)}{\partial S_I}\right]}{\partial \rho_I} = \frac{\partial\left[\theta \frac{\rho_I}{\rho_V + \rho_U + \rho_I}\right]}{\partial \rho_I} = \frac{\partial\theta}{\partial \rho_I} \frac{\rho_I}{\rho_V + \rho_U + \rho_I} + \theta \frac{\partial\left[\frac{\rho_I}{\rho_V + \rho_U + \rho_I}\right]}{\partial \rho_I},$$

由于 $\frac{\partial\theta}{\rho_I} > 0$，$\frac{\partial\left[\frac{\rho_I}{\rho_V + \rho_U + \rho_I}\right]}{\partial \rho_I} > 0$，$\frac{\rho_I}{\rho_V + \rho_U + \rho_I} > 0$，$\theta > 0$，所以：

$$\frac{\partial\left[\frac{\partial(\Delta p)}{\partial S_I}\right]}{\partial \rho_I} > 0 \qquad (3.29)$$

同理：

$$\frac{\partial\left[\frac{\partial(\Delta p)}{\partial S_\Delta}\right]}{\partial \rho_\mu} > 0 \qquad (3.30)$$

从 (3.29) 式及 (3.30) 式可知，进入 IPO 发行价的询价机构私人信息及和网络媒体报道信息与他们各自的信息精度正相关，即信息精度越大，信息进入 IPO 发行价的部分越多。一般来说，询价机构投资者私人信息的信息精度可以用其报价的标准差表示，陈鹏程，周孝华[127]利用我国 IPO 询价机构投资者的报价数据验证了 IPO 发行价调整与信息精度的正相关关系。而由于"公允信息"的难以确定，网络媒体报道信息的信息精度难以衡量，就作者搜索的文献范围内还没发现相关的研究。

3.4　本章小结

本章结合我国询价制的特征，将网络媒体信息所包含的 IPO 公司的价值变化量看作随机变量，市场参与者采用贝叶斯法则更新其信念，在理性预期均衡框架下求解网络媒体环境下一级市场 IPO 发行价的均衡解，从理论上说明网络媒体信息影响 IPO 发行价的机理及对 IPO 发行价调整的影响，同时，为下面章节的实证检验提供理论支撑。通过本章的模型分析得出了可用于实证检验的结论：（1）询价机构投资者对 IPO 基本价值的判断与网络媒体的报道基调存在相关性；（2）IPO 发行价调整与询价机构投资者的私人信息正相关；（3）IPO 发行价调整与网络媒体报道信息正相关，我们将在第 4 章对此进行实证检验。

第4章 网络媒体环境下机构投资者行为与IPO发行价调整

在 IPO 过程中，询价机构投资者的报价参与行为是确定 IPO 发行价的最关键因素。询价机构投资者的参与人数、申购数量及报价情况决定了新股价格是否合理有效，甚至决定了 IPO 是否能够顺利进行。证监会明确规定询价机构必须达到一定数量（公开发行股票数量在 4 亿股（含）以下的，有效报价投资者的数量不少于 10 家；公开发行股票数量在 4 亿股以上的，有效报价投资者的数量不少于 20 家）才能进行询价和进入发行的下一个环节，且首次公开发行股票网下投资者申购数量低于网下初始发行数量的，发行人和主承销商不得将网下发行部分向网上回拨，应当中止发行。根据第 3 章的模型研究，询价机构投资者参与报价行为的依据除了自身的私人信息外，还有网络媒体报道所生产的新增信息。那么，网络媒体报道的信息如何影响询价机构投资者的新股发行参与行为进而影响 IPO 定价的？进一步，网络媒体报道信息的基调是否对询价机构投资者的新股发行参与行为造成不同的影响？即当网络媒体报道的基调为 IPO 公司的正面信息，是否激发询价机构投资者新股发行参与热情，当网络媒体报道的基调为 IPO 公司的负面信息，是否会降低询价机构投资者的报价程度？本章通过实证研究将对此进行回答。

4.1　引言

近年来，资本市场中的媒体效用成为学者研究的一个热门话题。在资本市场上，媒体主要发挥着三种效应：第一，信息中介效应。由于先天性的信息传播优势，媒体在资本市场中起到信息中介的作用，通过信息披露和传播能够降低信息不对称程度，减少市场参与者的信息获取成本，从而增强市场有效性。第二，导向效应。媒体报道为投资者设定了进一步思考的议题和框架，引导投资者的注意力配置，进而影响投资者的主观判断和行为决策。第三，公司治理效应。媒体作为"第四权利"以其先天性的质疑和探究的特性，在公司治理中扮演着重要的角色，起到外部舆论监督作用[5]。Kothari，Shu 和 Wysocki[128]认为财经媒体记者一般具有独立性，不会像分析师那样与公司存在密切的经济联系，因此可能成为比公司和分析师更可靠的信息来源渠道。

上述媒体效应的发挥，必须借助投资者这个"中介"因素。事实上，媒体对资产价格的影响是一个过程。在这个过程中，媒体发布的信息首先必须被投资者关注，否则，无论多么重要的信息，如果没有投资者关注，它将起不到任何作用。其次，被关注的信息必须能够影响投资者的情绪、信念等心理因素进而使投资者做出投资行为的改变，而投资者投资决策行为的变化才是引起资产价格变化的直接因素。可见，媒体发布的信息，成为一种"信号"，在这个"信号"市场，面对众多的鱼龙混杂的"信号"，投资者首先需要对这些"信号"进行关注、甄别和分析，筛选出投资者认为最具价值的"信号"；其次根据这些"信号"，投资者做出相应的投资行为。但由于投资者的身份不同，认知、分析和处理能力存在显著差异，同样的"信号"可能会得出截然不同的信息，从而引起相反的市场操作。一般来说，机构投资者具有较强的专业能力，能够辨别哪些是真实的信息，哪些是噪声；

而个人投资者往往屈服于媒体所形成的意见气候，对真实信息的识别能力较差。针对 IPO 公司来说，由于 IPO 公司的曝光度低，关于公司的公开信息相对有限，公司与市场外部参与者之间存在明显的信息不对称。对询价机构来说，由于他们本身具有较强的专业能力且在询价过程中能够获得更多未公开的信息，如承销商的投资价值研究报告，同时还可以与 IPO 公司进行交流以解答相关的疑惑，因而具有了公司价值的信息优势。然而对个人投资者来说，由于普遍缺乏搜集处理市场信息的专业能力，媒体尤其是网络新闻媒体将成为他们主要的信息来源。受网络媒体情绪的影响，这些个人投资者对公司价值的判断可能产生系统性的偏差[6]。基于此，我们关心的问题是媒体发布的信息是否仍会影响理论上具有信息优势的机构投资者的行为，进而影响 IPO 定价机制。

　　本章在网络媒体环境下研究媒体报道对 IPO 定价机制的影响，并引入询价机构投资者探究这种影响的内在机理。之所以在网络媒体环境下展开研究，是因为在信息资讯爆炸的互联网时代，网络媒体以其及时、高效及互动的特征成为投资者获取信息的主要平台甚至依赖者。因此，在网络媒体环境下更能及时和全面反映媒体信息对投资者行为的影响。首先，借助百度新闻搜索获取的网络媒体新闻报道数据，从报道量及报道基调两个方面研究网络媒体信息对 IPO 发行价调整的影响；其次，探讨上述影响的作用机理，即先研究网络媒体信息对询价机构的参与人数、申购倍数及报价特征等行为的影响，再研究这些行为对 IPO 发行价调整的影响。

4.2　研究假说

4.2.1　网络媒体报道与 IPO 发行价调整

　　随着互联网技术的发展，人们获取信息的途径发生了根本性的转变。一方面，网络媒体延续了传统媒体的"社会公器"角色[2]，即通过对信息的搜集、加工和传播，网络媒体能够降低投资者搜集和处理信息的成本，向投资者提供多元化的观点，以帮助投资者全方位的了解公司的真实经营状况；另一方面，网络媒体提供的信息量更大，且具有纵深性，即投资者可以轻松地从某一新闻事件中搜索到相关的追踪报道、评论等，为投资者的决策判断提供丰富的基础材料。针对 IPO 市场来说，由于 IPO 公司的曝光度低，关于公司的公开信息相对有限，公司与市场外部参与者之间存在明显的信息不对称，网络媒体的信息中介功能在 IPO 市场上体现得尤为突出。一是因为 IPO 公司的信息披露需要指定的媒体完成（比如巨潮网等），因此媒体的信息中介功能成为其义不容辞的责任；二是因为 IPO 公司可用于挖掘的信息更为丰富，相对于已经上市的公司，其更容易成为媒体竞相角逐的报道对象，率先报道将带来更多的"震撼"效果，也会为媒体本身带来声誉或现实利益。

根据传播学的知识，信息中介是新闻媒体最根本的职能，也是新闻媒体与生俱来的职能，是新闻媒体履行其他职能的载体和基础。在 IPO 市场上，媒体在 IPO 前扮演的信息中介和治理角色更是其他信息主体所不能替代的[129]。网络新闻媒体的规模效应使得媒体报道以较低的价格向投资者传播 IPO 公司的信息，降低了投资者获取信息的交易费用，并且网络媒体的广泛覆盖性也使得投资者能够及时获得最新且全面的信息。媒体报道的信息中介功能加速了信息在 IPO 市场各参与者之间的信息扩散，降低了信息搜寻和交易成本，增强了 IPO 市场透明度。因此，理论上网络媒体报道的数量越多，承销商和发行人获得的 IPO 公司基本价值的信息越充分，在承销商出具的投资价值报告的基础上的 IPO 发行价调整幅度越大。Bajo 和 Raimondo[130]以 IPO 发布招股文件前一年的纽约时报新闻报道为样本，实证证实了新闻报道数量与 IPO 发行价调整具有显著的（price revision）正相关关系。Liu，Sherman 和 Zhang[27]构建媒体关注模型，将媒体关注分成内生关注与外生关注，分别考察他们与 IPO 发行价调整及抑价的关系。研究发现，媒体关注对 IPO 发行价调整产生了显著的正向影响，并且这种影响主要是由于媒体的内生关注造成。Li Jiang 和 Gao Li[31]利用异常网络媒体中 google 搜索量指数（ASVI）作为投资者关注度指标，研究指出 ASVI 与 IPO 发行价修正正相关。

网络媒体在信息传播过程中并不仅仅扮演"传声筒"的角色，而是往往通过深度调查和分析对公司治理状况、经营业绩、盈余预期及未来发展和股票价值等方面表达自身的观点，即体现为网络媒体的报道基调。如果 IPO 公司质量真的良好，网络新闻媒体的非负面报道像一副助推剂促使上市公司为保持业绩和维护声誉更加"奋发有为"，尤其是上市公司的代理人为积累声誉和获得未来更大的收益，会有更大的激励去完善公司治理，提高公司业绩，做出有利于上市公司及投资者的决策行为；如果 IPO 公司业绩存在虚假行为，网络媒体的跟踪调查和深度报道则会挖掘出公司的虚假行为，使投资者减持该公司股票，造成 IPO 公司发行价格低迷或无法顺利发行。因此，网络媒体的报道基调会对 IPO 发行价格的调整造成不同方向的影响，即网络媒体的非负面报道会导致承销商在投资价值报告基础上对 IPO 发行价进行向上的调整，而负面的报道则会导致 IPO 发行价的向下调整。Johnson 和 Marietta-Westberg[47]检验了公司的新闻与股价波动的关系。研究发现相较于媒体的正面报道，媒体的负面报道能导致股价更大的波动。综上，提出第一个研究假说：

假说 1：网络媒体报道基调的不同导致 IPO 发行价调整的方向不同，即负面报道导致 IPO 发行价相对于投资价值报道进行向下的调整，非负面报道导致 IPO 发行价相对于投资价值报道进行向上的调整。

4.2.2　网络媒体报道影响 IPO 发行价调整的机理

网络媒体是连接 IPO 信息资源与询价机构投资者需求的纽带，它在满足询价机构投资者信息需求的同时还记录了他们的行为动态。询价机构投资者利用网络媒体获取信息的过程及结果，会从量和质两方面影响他们的判断和决策，进而体现在 IPO 发行价的调整中。我们以图形的形式展现网络媒体报道影响 IPO 发行价调整的机理。（如图4.1 所示）

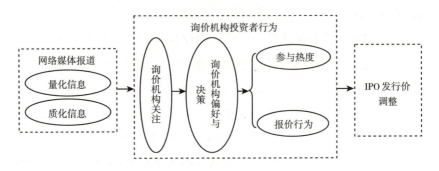

图 4.1 网络媒体影响 IPO 发行价调整机理

下面分别从询价机构投资者的参与热度及报价行为两个方面提出网络媒体报道通过影响询价机构投资者行为进而影响 IPO 发行价调整的假说。

第一，网络媒体报道通过影响询价机构参与热度进而影响 IPO 发行价调整。对于媒体报道如何影响投资者决策，现有研究一般持有两种观点。一是新闻媒体是信息的传播中介，媒体报道增加了信息传播的宽度和广度，降低公司与投资者之间的信息不对称程度，增加知情交易者数量[131]。根据 Merton[9]的研究，媒体报道的增加改善了信息披露机制，降低了投资者的信息获取成本和参与成本。因此，信息传播的越充分，市场的不确定性越小，投资者参与投资决策的风险越小，投资者的参与意愿越强烈。而对 IPO 公司来说，媒体在 IPO 前扮演的信息中介和治理角色更是其他信息主体所不能替代的[129]。薛有志，吴超，周杰[42]发现媒体通过信息传播功能满足了投资者的治理需求，在 IPO 前起到降低信息不对称的作用。Pollock 和 Rindova[3]认为在公司 IPO 过程中，媒体的信息传播能够加快投资者对公司新印象的形成，减少了信息摩擦。针对询价机构而言，尽管他们具有较强的专业能力并且能通过路演活动获得更多未公开的信息，但在我国新股上市进程的安排中，从发布招股意向书到询价结束一般在半个月时间内完成，在如此短的时间内询价机构挖掘发行公司更精确的信息可能并不现实。而媒体尤其是财经媒体常以追踪的方式对上市公司进行深度报道，向市场参与者提供了新的信息，能极大地减少询价机构的信息获取成本。根据有限关注的理论，注意力是一种稀缺的认知资源，对于一件事物的注意必将以牺牲对另一件事物的注意为代价。尽管询价机构投资者拥有较强的专业能力，但一般来说，在同一时间会有多个 IPO 公司同时进行路演询价活动，在较短的时间内对多家 IPO 公司分配同样多的资源，进行同样深度的考察可能并不现实。在对参与的 IPO 公司之间进行资源分配时，利用网络媒体的信息作为决策依据是一种次优选择。此外，媒体为最大化自身利益会有意迎合多元化的投资者观念，报道角度的多样性使得媒体能更充分、更准确地传递公司信息[50]。因此，媒体报道丰富了询价机构的外部信息环境并节约了信息获取成本，能提高询价机构的参与程度。另一种观点是媒体倾向追逐"有价值的新闻"，吸引投资者的关注以影响他们的投资活动[26]。黄俊和陈信元[29]研究指出，对"题材"公司的报道将吸引更多的投资者关注，更容易形成投资者认知差异，由此促成更多的交易量。

在媒体报道与 IPO 定价的研究中，对媒体信息的刻画不仅体现为媒体报道数量这一量化指标，还进一步体现为媒体报道基调这一质化指标。相对于量化指标，质化指标更能体现媒体信息的价值。因为报道基调这样的质化指标直接对 IPO 基本价值做出了判断，对投资者的偏好及决策起决定性影响。Tetlock[88]利用华尔街日报专栏对于股市的评论分析了媒体报道内容与股市交易活动的关系。研究发现，更多媒体对股市的悲观预期导致股价产生向下的压力。游家兴，郑建鑫[64]将 2004～2010 年我国 IPO 公司上市前的新闻报道进行文本分析，从报道基调、曝光程度、关注水平三个维度构建媒体情绪，发行媒体乐观情绪容易导致投资者的盲目自信进而推动新股价格的虚高，而悲观的情绪导致股价向下偏离其基本价值。结合我国 IPO 发行实际，网络媒体的负面报道意味着公司存在一定的问题，增加了询价机构投资者的持股风险，使其 IPO 参与行为更趋于谨慎，甚至可能放弃对新股的申购或降低申购额度。而非负面的报道尤其是正面报道一方面说明 IPO 公司本身质量的确较高，赢得了媒体的肯定，而询价机构投资者观察到这个真实的"信号"，认为该 IPO 公司具有较高的投资价值，会积极参与申购。另一方面考虑到我国 IPO 仍属稀缺资源，媒体的乐观报道可能加重二级市场的"炒新"氛围，理性的询价机构为获得这种价差收益，可能会提高他们参与新股发行的热度。综上，提出第二个假说：

假说 2a：网络媒体非负面报道越多，询价机构投资者参与 IPO 发行的热度越高；网络媒体负面报道越多，询价机构投资者参与 IPO 发行的热度越低。

假说 2b：询价机构投资者参与 IPO 发行的热度与 IPO 发行价调整正相关。

第二，网络媒体报道通过影响询价机构报价行为进而影响 IPO 发行价调整。

在询价过程中，询价机构投资者基于自身及网络媒体报道获得的信息并通过对信息的甄别和解读，给出一个主观判断的价值。故询价机构投资者的报价一定程度上体现了他所掌握的信息量。由于询价机构投资者获取的信息量不尽相同，则体现出关于报价的不同意见，即使面临相同的信息，他们也可能进行不同的主观解读而产生意见分歧[132]。询价机构投资者的意见分歧代表了这个群体的信念差异，根据前面的研究假说 2a，网络媒体报道提高了询价机构投资者的参与热度，即促使更多的询价机构投资者参与新股发行过程。而由于询价机构投资者之间的投资经验、投资实力不同，造成他们对信息的处理能力不同进而产生定价的意见分歧。询价机构越多，他们之间的异质性越大，报价的意见分歧程度也越高。在我国 IPO 询价过程中，共有 7 类机构投资者参与询价过程，分别为证券公司、基金管理公司、信托公司、财务公司、保险公司、QFII 及承销商自主推荐机构。首先，这 7 类机构投资者拥有不同的信息获取能力，如承销商推荐类的机构投资者可能对该 IPO 公司具有信息优势；其次，7 类机构投资者具有不同的定价能力，有研究指出在中国 IPO 市场上 QFII 的报价最为集中，与发行价最为接近[126]。因此，网络媒体报道的信息越多，由于不同的信息获取能力，导致信息在不同的询价机构投资者之间的分布越不均衡，再加上定价能力本身的不同，询价机构投资者之间关于 IPO 公司价值就会产生越严重的意见分歧。而承销商观察到询价机构投资者严重的意见分歧，便进行较大幅度的 IPO 价格调整以充分利用询价机构的意见分歧。

虽然网络媒体报道导致了询价机构投资者之间的意见分歧。但不同的报道基调却可能引发询价机构投资者报价趋同的行为。网络媒体的一项重要职能是发挥其监督治理作用。针对 IPO 公司来说，媒体的监督治理功能更是无可替代。公司 IPO 前，其公开信息非常有限，对外部投资者而言公司的运行就像"黑箱"一样。媒体的质疑天性和寻根究底的职业操守以及新闻记者的工作激励（原创，深度，及时的新闻报道能为新闻记者带来更高的声誉进而更高的未来发展机遇）刺激媒体投入更多的资源，推出关于 IPO 公司的具有重要影响力的深度调查报道。这些报道一方面能够揭开公司 IPO 这个"黑箱"，为投资者逐渐披露公司的公司业绩及治理状况的信息。受媒体自身声誉和相关法律的约束，媒体对企业的负面报道往往是真实可信的[133]。被媒体负面报道的企业一定存在这样或那样的问题。IPO 公司被曝光的问题越严重，不仅表明了企业本身存在较严重的违规问题，也会使媒体与投资者产生"共振"效应，放大了媒体的监督作用。媒体的负面新闻报道能及时引起询价机构投资者的注意，进而调整自身对 IPO 公司的价值信念，表现为报价积极性受挫或报较低的价格。相反，如果媒体出现一致的非负面报道，则说明 IPO 公司具有较高的投资价值，询价机构投资者就会积极参与报价。与此同时，在当前我国询价制度下，尽管证监会没有明确规定，但事实上要求 IPO 发行价应在询价机构报价的均值或中位数附近，并且只有高于发行价的申购对象才能获得获配机会，在 IPO 具有较高投资价值时，询价机构投资者为了获得配售，会尽可能提高报价。另外，网络媒体的"一路赞歌"也会诱发个人投资者的投资热情，询价机构投资者预期到二级市场上的投机炒作行为，也会在报价过程中进行一定程度的加价[134]。综上，提出第三个研究假说：

假说 3a：网络媒体报道越多，询价机构投资者之间的意见分歧越严重；网络媒体负面报道越多，询价机构投资者报价的竞争程度越弱；网络媒体非负面报道越多，询价机构投资者报价的竞争程度越激烈。

假说 3b：询价机构投资者的意见分歧与 IPO 发行价调整正相关；询价机构投资者的报价竞争程度与 IPO 发行价调整正相关。

4.3　研究设计

4.3.1　数据来源及样本选择

由于本书讨论的主题涉及询价机构新股发行参与行为的影响，因此需要用到询价机构的报价数据，但在 2010 年 11 月之前，询价机构的详细报价数据并不公开。2010 年 10 月，证监会颁布《证券发行与承销管理办法》第五十五条规定"发行人及其主承销商应当在发行价格确定后，披露网下申购情况、网下具体报价情况"，执行日期为 2010 年 11 月 1 日，因此本书选择的样本为 2010 年 11 月后上市的 IPO 公司，样本区间为 2010 年 11 月至 2012 年 12 月。之所以选择截至 2012 年 12 月的数据，是因为以下两个原因：第一，2013 年全年新股暂停发行；第二，2014 年 2 月之后证监会对询价机构的报价做出了重大修改，包括网下投资者只能报一个价格，且非个人投资者只能以机构为单位进行报价等。更重要的是在最新一轮新股发行制度改革后，"询价发行"几乎变成了"定价发行"，因为新股发行价格可以通过简单的公式计算出来，询价机构的询价效果无法体现出来（因为证监会对发行市盈率、超募和老股转让做出了更严厉的限制，新股发行价格可以简单计算出来。在没有老股转让的情况下，新股发行价格＝（募集资金＋发行费用）／发行数量）。因此为了保持样本期间内规则的一致性，排除了2014年后上市的IPO公司。对样本进行如下筛选：（1）按证监会行业分类标准，删除行业类别为"金融、保险业"的公司；（2）剔除发行方式与现行IPO机制差异较大的公司，只保留"网下询价、上网定价"的公司；（3）排除ST公司；（4）因为涉及利用IPO公司中文简称进行网络新闻搜索，一些特殊的中文简称如人民网、会稽山、长城汽车、比亚迪、大连港及涪陵榨菜等搜索内容噪声太多，很多无关IPO过程。为使样本保持数据的"纯洁性"，同样将这些IPO公司排除。最终的研究样本包括462家IPO公司。

本书的网络新闻报道数据来自百度新闻搜索的统计。在所有的中文搜索引擎中，百度搜索是使用率最高的。百度新闻搜索收录的内容主要包括正式出版的报纸、杂志、广播和电视台的网络版，政府及组织机构的官方网站，具有一定用户认知度和一定规模忠实阅读群的门户、地方信息港、行业资讯网站及企业网站等。但百度新闻搜索并不收录博客、论坛等非新闻资讯类网站。百度新闻搜索能统计特定时间内所有的新闻报道，包括报纸新闻及网络原创新闻，这样能避免单独选择某一种或几种报纸作为信息来源所带来的片面性。具体过程如下：首先，为保证数据的一致性，将搜索限定在IPO公司初步询价结束日前一个月之内，因为在这段时间内，IPO公司发布了招股公告书，正式进入公众视野，这时候媒体开始大举推进；其次，以IPO公司的中文简称作为搜索关键词。在百度新闻搜索中，关键词的位置有两种：在新闻全文中和在新闻标题中。我们选择在新闻标题中进行搜索，这是因为在无限信息、有限认知的前提下，投资者的时间、精力都有限，他并不会浏览和分析全部的新闻，而只能先通过新闻标题获得感性认识，然后根据需要及新闻标题引起投资者的重视程度决定是否详细阅读和研判新闻内容，因此采用关键词位置在新闻标题中进行搜索更符合投资者的信息处理过程。搜索结果即包括各类报纸、杂志的纸质媒体新闻，也包括网络媒体的新闻。考虑到不同数量的新闻报道对投资者的影响不同，即使同一条新闻，不同的转载量和新闻来源对投资者的"刺激"也不同。考虑到投资者获取新闻的途径不同，本书并没有剔除重复的新闻报道（由于媒体之间的相互转载，导致新闻报道存在大量的重复）。

为了获得新闻报道的基调，文献一般采用两种方式：一是利用文本分析方法进行机器识别[135]，二是利用人工判断[4,110]。前者的优点是快速及稳定性强，但需要建立语言词典，建立语言词典的工作量非常庞大，且并没有统一的标准。考虑到中文词汇表达含义的丰富和微妙，同样的词汇在不同语境中表达的含义不同，当句子中同时出现积极和消极的词汇，语气的强弱不同导致含义可能大相径庭。因此，利用人工阅读的方式进行甄别。借鉴熊燕，李常青，魏志华[100]当标题中含有负面词汇时则该条新闻为负面新闻，负面词汇包括质疑、事故、违规、大跌、下降、高管套现、悲哀、赔钱赚吆喝、悲催、变脸、恶化、堪忧、圈钱等。对于标题中并没有包含负面词汇的，我们并没有直接根据标题判断，而是详细阅读内容，根据内容将之归于负面新闻和非负面新闻。我们之所以没有按照正面、中性、负面的方式进行新闻基调的划分，是因为多数所谓中性的新闻来源于 IPO 公司的各类公告材料，其在总体性质上接近于宣传企业及证券发行活动的"软广告"，本质可以归为准正面新闻。

询价机构报价数据来自《网下配售结果公告》，首先在巨潮网上下载《网下配售结果公告》，然后经手工整理而成；IPO 上市前的相关财务数据来自 RESSET 数据库；投资者新增开户数来自中登结算公司的统计月报；一些宏观经济数据来自国家统计局网站；其他数据来自

Wind 数据库。

4.3.2　变量定义

1. 媒体信息相关变量。

网络媒体报道总量：用初步询价截止日前一个月的媒体报道数量与 1 的和的自然对数表示，用符号 $media1$ 表示。

网络媒体负面报道：用两个变量刻画：第一，用虚拟变量，即 IPO 公司是否存在负面报道，用符号 $badnews1$ 表示；第二，用网络媒体负面报道量表示，即初步询价截止日前一个月的媒体负面报道数量与 1 的和的自然对数表示，用符号 $nmedia1$。

网络媒体非负面报道：用网络媒体报道总量与负面报道量的差与 1 的和的自然对数表示，用符号 $nnmedia1$。

2. 询价机构投资者相关变量。

询价机构投资者参与热度：参考俞红海，刘烨，李心丹[126]的研究，我们用询价机构投资者数量和询价机构投资者的申购倍数两个指标来表示询价机构投资者参与询价的热度，实证中用用他们的自然对数替代，分别用符号 $inquiryN$ 和 $sgbs$ 表示。需要说明的是这里的询价机构数量为初始询价阶段参与报价的全体投资者数目，即《网下配售结果公告》中的配售对象的数目。申购倍数是指网上网下实施回拨前的初始申购，数值上等于全体询价机构的申购量与网下发行数量之比。这样做的原因在于用最原始的报价和申购更能反映询价机构的参与意愿。

询价机构投资者报价竞争程度：同样参考俞红海，刘烨，李心丹[126]和刘志远，郑凯，何亚南[136]研究，我们用询价机构投资者报价的偏度表示，用符号 $bidskew$ 表示。当全体询价机构投资者都有报高价的倾向时，整个报价将集中于右尾，即集中于报价上限，从而整体上呈现"左偏"，如图 4.2 所示，相应的偏度为负，即机构投资者将集中在右端高价区域，而不是正态分布，此时体现为机构投资者过度竞争。

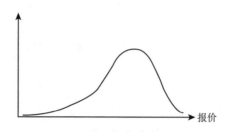

图 4.2　询价机构竞争性报价

询价机构投资者的意见分歧：借鉴李冬昕[134]的方法，这里用询价机构报价的标准差表示，用符号 σ 表示。

3. IPO 发行价调整。根据标准询价理论价格调整的方法，用 IPO 实际发行价格与承销商出具的投资价格报告的相对百分比表示，用符号 *adoffp* 表示，即 *adoffp* =（IPO 发行价－投资价值报告中点值）/投资价值报告中点值。

4. 控制变量。

公司规模：公司总资产的自然对数，取上市前三年的平均值，用符号 *size* 表示。

公司年龄：公司成立据上市年限的对数，用符号 *age* 表示。

上市地点：用虚拟变量表示，即若 IPO 公司在深交所上市，则取值为 1，否则取值为 0，用符号 *local* 表示。

每股收益：公司总盈利和公司总股本比值的自然对数，取上市前三年的平均值，用符号 *EPS* 表示。

承销商声誉：借鉴 Aggarwal，Krigman 和 Womack[137]用虚拟变量表示，即承销商在承销 IPO 公司前三年承销金额和承销数量均排名在前 10 位的取 1，否则取 0，用符号 *underrep* 表示。

市场情绪：参照刘维奇，刘新新[108]的研究，用 IPO 公司上市当月股票市场新增开户数的自然对数表示，用符号 *senti* 表示。

各变量的具体定义见表 4.1。

表 4.1 　　　　　　　　　　变量名称及定义

变量符号	变量名称	变量定义
media1	网络媒体报道总量	ln（初步询价截止日前一个月网络媒体报道量 +1）
badnews1	网络媒体负面报道 1	若 IPO 公司存在负面报道，取值为 1，否则为 0
nmedia1	网络媒体负面报道量 2	ln（初步询价截止日前一个月网络媒体负面报道量 +1）
nnmedia1	网络媒体非负面报道量	ln（初步询价截止日前一个月网络媒体非负面报道量 +1）
inquiryN	询价机构投资者参与热度 1	ln（询价机构投资者数量）
sgbs	询价机构投资者参与热度 2	ln（询价机构投资者申购数量）
bidskew	询价机构投资者报价竞争程度	所有询价机构投资者报价的偏度
σ	询价机构投资者意见分歧	所有询价机构投资者报价的标准差
adoffp	IPO 发行价调整	（IPO 发行价 – 投资价值报告中点值）／投资价值报告中点值
size	发行规模	公司总资产的自然对数，取上市前三年的平均
age	公司年龄	ln（公司成立距上市年限 +1）
local	上市地点	即若 IPO 公司在深交所上市，则取值为 1，否则取值为 0
EPS	每股收益	公司总盈利和公司总股本比值的自然对数，取上市前三年的平均值
underrep	承销商声誉	即承销商在承销 IPO 公司前三年承销金额和承销数量均排名在前 10 位的取 1，否则取 0
senti	市场情绪	IPO 公司上市当月股票市场新增开户数的自然对数

4.3.3　描述性统计

表 4.2 给出了变量的描述性统计结果。网络媒体报道总量 media1 的均值为 4.757，最大值为 6.392，最小值为 1.792，即网络媒体报道

总量的差别非常大，网络媒体对某些 IPO 公司给予了较高的关注度，而对另外的 IPO 公司却报道较少。为更清楚网络媒体报道的情况，我们将数据转换成原始数据，则网络媒体报道总量均值为 140.128，即平均来说，在初步询价截止日前 1 个月网络媒体对 IPO 公司报道量为 140.128 篇；最大值为凤凰传媒（代码为 601928）共计 597 篇，最小值为方直科技（代码为 300235），只有 6 篇报道。网络媒体负面报道 $badnews1$ 均值为 0.455，即约有 46% 的 IPO 公司存在负面报道，这说明 IPO 公司的确存在某些问题（比如虚假陈述、关联交易、信息隐藏及公司治理等问题）。网络媒体发挥了监督治理的作用，通过负面报道帮助 IPO 公司纠正相关错误和减少外部投资者的信息不对称。相比于网络媒体负面报道量均值 1.174，非负面报道量均值明显更高为 4.717，这与 Cook[62] 及薛有志，吴超，周杰[42] 研究的结论一致，即 IPO 前的网络媒体负面报道较少，更多的是上市流程及招股公告的报道。这可能是因为负面报道需要媒体更加深入的实地考察和追踪报道，而这需要花费巨大的成本，因此部分媒体为节约成本往往只看到表面而没有深入内部甚至倾向于成本低廉的转载。

询价机构投资者的参与人数 $inquiryN$ 及申购倍数 $sgbs$ 同样在 IPO 样本之间差别明显。具体来说，询价机构参与人数的均值为 4.427，最大值为 6.100，最小值为 3.219，转化成原始数据分别为 95.450、446 和 25，即平均来说，IPO 公司参与询价的机构投资者数量为 95，其中询价机构投资者最多的是永辉超市（代码为 601933）达到 446，最小的鸿特精密（代码为 300176）只有 25 个询价机构投资者参与询价；询价机构的原始申购倍数均值为 46.789，其中询价机构投资者的申购倍数最大的是浙江世宝（代码为 002703）为 732 倍，最小的申购倍数只有 3 倍，对应的 IPO 公司为金禾实业（代码为 002597）。询价机构投资者参与人数及申购倍数的显著差异反映了 IPO 公司对询价机构投资者的"吸引力"的不对称，这些不对称是否与媒体报道的不对称有关，将在 4.4 节进行实证检验。再从询价机构投资者报价的偏度 $bidskew$ 及

标准差 σ 来进一步分析他们对 IPO 公司的"青睐"程度。从表 4.2 可以看出，询价机构投资者报价的偏度均值为 -0.158，即平均来说询价机构的报价呈现"左偏"态势，报价主要集中在高价区域，这意味着询价机构投资者可能为获得新股配售而激烈竞争，导致报价的高涨。而反映询价机构投资者意见分歧的报价标准差达到了 3.444，说明询价机构投资者之间的意见分歧非常严重，也即他们对 IPO 公司价值的认识存在较大的差距。

发行价调整 $adoffp$ 的均值为 -0.107，即平均来说承销商对 IPO 发行价进行了向下的调整，这也说明平均来说承销商的投资价值报告相对"高估"的 IPO 价值。上市地点的均值为 0.874，说明大多数 IPO 选择在深交所上市，这可能与深交所对拟上市企业的要求相对较低有关。而承销商声誉均值为 0.541，则表明约 54% 的 IPO 公司由前十大承销商承销。

表 4.2　　　　　　　　　　相关变量的描述性统计

变量	均值	中位数	最大值	最小值	标准差
$media1$	4.757	4.163	6.392	1.792	0.725
$badnews1$	0.455	0	1	0	0.498
$nmedia1$	1.174	0	5.580	0	1.437
$nnmedia1$	4.717	4.832	6.284	1.946	0.680
$inquiryN$	4.427	4.376	6.100	3.219	0.500
$sgbs$	3.577	3.632	6.595	1.224	0.745
$bidskew$	-0.158	-0.201	10.983	-6.392	0.859
σ	3.444	2.924	18.051	0.418	2.222
$adoffp$	-0.107	-0.111	1.047	-0.599	0.192
$size$	10.790	10.605	16.228	8.963	0.976
age	2.460	2.485	3.829	1.099	0.374
$local$	0.874	1	1	0	0.332
EPS	0.730	0.660	2.500	0.107	0.332
$underrep$	0.541	1	1	0	0.499
$senti$	11.374	11.447	12.231	10.072	0.478

4.4　实证结果及分析

4.4.1　对假说 1 的检验

　　表 4.3 中模型 1 和模型 2 的被解释变量为 IPO 发行价调整。在模型 1 中，以初步询价截止日前一个月的网络媒体报道总量和是否存在负面报道为解释变量，从中可知，网络媒体报道总量在 1% 的显著水平下与 IPO 发行价调整正相关，即初步询价截止日前一个月的网络媒体报道量越多，IPO 发行价正向调整幅度越大，网络媒体报道量每增加 1%，IPO 发行价向上调整 0.071%；而当 IPO 询价前存在负面网络媒体报道时，承销商会选择向下调整 IPO 发行价，即使得 IPO 发行价小于承销商出具的投资价值报告，两者之间在 5% 的显著水平上负相关。这种现象一方面说明网络媒体报道通过信息中介和信息生产功能向外部投资者传播了 IPO 公司的信息，降低了投资者获取信息的成本，增加了知情交易者的比例，加速了 IPO 市场参与者之间的信息扩散，使得包括承销商在内的参与者获得了更多的 IPO 公司基本价值的信息，而这些信息通过 IPO 发行价调整的形式反映到 IPO 实际价格中；另一方面说明网络媒体信息能够起到监督治理作用。网络媒体信息通过负面新闻报道能够识别公司存在的造假、治理等问题，而外部投资者能够观察到这种"信号"，从而对 IPO 公司产生"心理阴影"。承销商集中这种负面意见氛围，为使 IPO 发行价不会引起投资者的"公愤"及招致证监会的调查和处罚，会将这种负面意见在 IPO 发行价中表达，从而使得 IPO 发行价随着负面报道的增加而向下调整。

　　在模型 2 中，以负面报道和非负面报道量进一步考察网络媒体报道与 IPO 发行价调整的关系。从模型 2 中可以得到两点启发：第一，网络媒体非负面报道与 IPO 发行价调整在 1% 的显著水平下正相关，而负面报道量在 5% 的显著水平下与 IPO 发行价调整负相关，这与模型 1 的结果一致；第二，媒体报道基调对 IPO 发行价调整的影响具有非对称性，即网络媒体负面报道对 IPO 发行价调整的影响大于非负面报道。网络媒体负面报道量每增加 1%，IPO 发行价向下调整 0.139%，而网络媒体非负面报道量每增加 1%，IPO 发行价向上调整 0.076%。这充分体现了"好事不出门，坏事传千里"的媒体"轰动效应"[138] 及"好""坏"信息对事件的非对称性影响[139]。Johnson 和 Marietta-Westberg[47] 就曾检验了公司的新闻与股价波动的关系，发现相较于媒体的正面报道，媒体的负面报道能导致股价更大的波动。因此，媒体负面报道的"杀伤"效果并不能由同等数量的正面报道来弥补，这也间接说明 IPO 公司为防止媒体的负面报道常采取利益输送的方式贿赂媒体，以此购买媒体的正面报道和抑制媒体的负面报道。同时，这也能够解释为什么在我们的样本中虽然负面报道量少于非负面报道量，但平均来说承销商却进行了 IPO 发行价的向下调整（数量为 -0.107，见描述性统计部分）。

表 4.3 　　　　　　　　　网络媒体报道与 IPO 发行价调整

	模型 1	模型 2
常数项	-0.953 *** (-3.63)	-0.963 *** (-3.67)
$media1$	0.071 *** (5.54)	
$badnews1$	-0.045 ** (-2.43)	
$nmedia1$		-0.139 ** (-2.18)
$nnmedia1$		0.076 *** (5.67)
$size$	-0.021 * (-1.93)	-0.022 ** (-1.97)

续表

	模型 1	模型 2
age	0.002 (0.11)	0.003 (0.13)
local	0.012 (0.38)	0.012 (0.36)
EPS	-0.081*** (-3.12)	-0.078*** (-3.02)
underrep	0.039** (2.32)	0.041** (2.40)
senti	0.069*** (3.82)	0.067*** (3.74)
观测值	462	462
调整的 R^2	0.117	0.120
F 统计量的 P 值	0.000	0.000

注：括号中的数字为变量的 T 值，*，** 和 *** 分别表示 10%，5% 和 1% 的显著性水平。

在控制变量中，公司规模与 IPO 发行价调整呈现负相关关系，这可能是因为公司规模越大，其越可能在上交所上市（上交所上市对公司规模的要求高于深交所）。而在我国，在上交所上市的 IPO 公司需要两阶段询价，定价更为谨慎。周孝华，姜婷，董耀武[119]研究指出，在两阶段询价制度下，询价机构投资者倾向于隐藏真实需求，导致 IPO 发行价相对较低。每股收益同样与 IPO 发行价调整呈显著的负相关关系，一般来说，一些在创业板上市的高科技公司的每股收益较高，其投资者和承销商一般估值都很高，理论上应该与 IPO 发行价调整正相关。而承销商声誉和市场情绪与 IPO 发行价调整显著正相关，这并不难理解。承销商声誉越高，其定价能力越强，获得投资者的认可度越高，因此作为对承销商声誉的补偿，高声誉的承销商可能会调高 IPO 发行价；市场情绪越高涨，承销商会利用市场情绪为自身谋利，即将一部分市场情绪反映到 IPO 定价中，这与 Derrien[124]，Ljungqvist，Nanda 和 Singh[125] 的研究结论一致。

4.4.2　对假说 2 的检验

表 4.4 是对假说 2a 的检验。模型 3 和模型 4 是以参与询价的机构投资者数量表示的询价机构投资者参与热度；模型 5 和模型 6 是以询价机构的申购倍数表示的询价机构投资者参与热度。模型 3 中，网络媒体报道总量与询价机构投资者数量在 5% 的显著水平下正相关，网络媒体报道总量每增加 1%，参与 IPO 询价的机构投资者数量增加 0.817%；是否存在负面报道与询价机构投资者参与数量呈负相关关系，但并不显著。模型 4 中，进一步将网络媒体报道细分为负面报道和非负面报道以更清楚地考察网络媒体报道基调是否对询价机构投资者的参与数量造成不同的影响。从结果可以知道，网络媒体的非负面报道与询价机构投资者参与数量显著正相关，显著性水平为 5%；而网络媒体的负面报道却在 10% 的显著性水平下与询价机构投资者的参与数量负相关。模型 3 和模型 4 总体上验证了假说 2a。这种情况一方面说明网络媒体的报道的确增加了信息传播的宽度和广度，降低公司与投资者之间的信息不对称程度，增加知情交易者数量。同时网络媒体报道的增加可能改善了 IPO 公司的信息披露机制，降低了投资者的信息获取成本和参与成本。因此，信息传播的越充分，市场的不确定性越小，投资者参与投资决策的风险越小，投资者的参与意愿越强烈。另一方面也说明询价机构投资者能够根据媒体的报道基调及时调整自身注意力在 IPO 公司之间的配置，将注意力更多地配置到网络媒体正面报道较多的 IPO 公司上。根据前面的分析，网络媒体的报道是一种公司质量"信号"，负面的媒体报道意味着 IPO 公司质量存在一定的问题，询价机构投资者对该 IPO 的投资价值预期不乐观，参与数量自然会减少。

表 4.4   网络媒体报道与询价机构投资者参与热度

	inquiryN		sgbs	
	模型 3	模型 4	模型 5	模型 6
常数项	2.676 *** (3.98)	2.682 *** (3.99)	5.754 *** (5.72)	5.794 *** (5.77)
media1	0.817 ** (2.50)		0.091 * (1.85)	
badnews1	−0.116 (−0.24)		−0.039 (−0.53)	
nmedia1		−0.011 * (−1.78)		−0.040 * (−1.71)
nnmedia1		0.072 ** (2.10)		0.065 ** (1.97)
size	0.016 (0.55)	0.015 (0.54)	−0.192 *** (−4.53)	−0.192 *** (−4.54)
age	−0.049 (−0.85)	−0.049 (−0.83)	−0.013 (−0.15)	−0.012 (−0.14)
local	−0.288 *** (−3.41)	−0.290 *** (−3.43)	−0.009 (−0.07)	−0.011 (−0.09)
EPS	−0.379 *** (−5.72)	−0.381 *** (−5.74)	−0.625 *** (−6.30)	−0.632 *** (−6.36)
underrep	0.068 (1.54)	0.068 (1.56)	−0.091 (−1.39)	−0.090 (−1.39)
senti	0.160 *** (3.47)	0.162 *** (3.99)	−0.001 (−0.01)	−0.005 (−0.07)
观测值	462	462	462	462
调整的 R^2	0.149	0.157	0.141	0.223
F 统计量的 P 值	0.000	0.000	0.000	0.000

注：括号中的数字为变量的 T 值，*，** 和 *** 分别表示 10%，5% 和 1% 的显著性水平。

如果说询价机构投资者的参与数量反映了他们的参与意向或名义参与，那么询价机构的申购倍数则反应了他们的参与程度或实质参与。模型 5 中，询价机构的申购数量与网络媒体报道总量在 10% 的显著水平下正相关，说明网络媒体报道丰富了询价机构的外部信息环境并节约了信息获取成本，能提高询价机构的参与程度，也反映出网络媒体信息是询价机构投资者决策的重要参考依据。而网络负面新闻报道虽然与询价机构投资者申购倍数不显著，但仍呈现负的相关性。模型6中，网络媒体非负面报道与负面报道与询价机构投资者申购倍数分别呈现显著的正相关和负相关关系，系数分别为0.065和−0.040。再次说明网络媒体的负面报道对询价机构投资者的新股申购产生抑制作用。网络媒体的负面报道意味着公司存在一定的问题，增加了询价机构投资者的持股风险，使其IPO参与行为更趋于谨慎，甚至可能放弃对新股的申购或降低申购额度。

控制变量中，上市地点变量的系数均为负数，模型3和模型4中上市地点与询价机构投资者参与数量在1%的显著性水平下负相关，说明询价机构投资者更倾向于申购在上交所上市的IPO公司。这可能是由于在深交所上市的IPO公司不确定性相对更大，理性的询价机构投资者为减少风险而更多选择在上交所上市的公司。对每股收益与询价机构参与热度的负相关关系的解释与此相似。从询价机构投资者申购倍数来看，公司规模较小的公司申购倍数更大。可以从两个方面对此进行解释：第一，公司规模较小的公司一般网下发行数量也较少，导致申购倍数相对较大；第二，公司规模较小的公司申购中可能存在投机成分，即询价机构通过大规模申购达到成为公司大股东的目的，以攫取更多利益。令人费解的是市场情绪高涨的时候，询价机构投资者参与数量显著增多，但实际申购中却并没有"冒进"。

表4.5是对假说2b的检验。模型7是用询价机构投资者参与数量表示的参与热度，模型8是用询价机构投资者申购倍数表示的参与热度。从表4.5可以看出，无论是询价机构投资者参与数量还是询价机构投资者申购倍数均与IPO发行价调整呈显著的正相关关系，且显著性水平均为1%。询价机构投资者数量每增加1%，IPO发行价向上调整0.212%，询价机构投资者申购倍数每增加1%，IPO发行价向上调整0.099%。总体来说，询价机构投资者参与热度与IPO发行价调整存

在正相关关系，这就验证了假说 2b。这些结果充分说明了询价机构投资者的参与行为是导致 IPO 发行价调整的最直接的原因，根据我国 IPO 进程，承销商必须依据询价机构投资者的参与行为来确定 IPO 发行价。承销商意识到询价机构投资者的参与热度越高，说明 IPO 公司得到询价机构投资者的认可度越高，承销商为使自身利益最大化会对 IPO 价格进行向上的调整（承销商的承销费用一部分来自发行收入的一定比例）。

表 4.5　　　　　询价机构投资者参与热度与 IPO 发行价调整

	模型 7	模型 8
常数项	-1.272 *** (-5.60)	-1.233 *** (-4.86)
inquiryN	0.212 *** (13.30)	
sgbs		0.099 *** (8.44)
size	-0.024 ** (-2.45)	-0.001 (-0.13)
age	0.017 (0.88)	0.009 (0.41)
local	0.076 ** (2.59)	0.016 (0.50)
EPS	-0.005 (-0.21)	-0.024 (-0.94)
underrep	0.028 * (1.86)	0.051 *** (3.13)
senti	0.032 ** (2.01)	0.065 *** (3.81)
观测值	462	462
调整的 R^2	0.323	0.187
F 统计量的 P 值	0.000	0.000

注：括号中的数字为变量的 T 值，*，** 和 *** 分别表示 10%，5% 和 1% 的显著性水平。

4.4.3 对假说3的检验

表4.6是对假说3a的检验。模型9中，网络媒体报道总量越多，询价机构投资者之间的意见分歧越严重，两者在10%的显著性水平下正相关。媒体报道总量每增加1%，询价机构之间的意见分歧程度增加0.240%。模型10中，非负面报道显著增加了询价机构投资者的意见分歧程度，而网络媒体负面报道虽然降低了询价机构之间的意见分歧程度，但并不显著。整体而言，网络媒体报道与询价机构投资者意见分歧存在显著的正相关关系。由于询价机构投资者之间的投资经验、投资实力不同，造成他们对信息的处理能力不同进而产生定价的意见分歧。根据实证结果，我们知道网络媒体报道总量越多或非负面报道越多，询价机构投资者参与数量越多，他们之间的异质性越大，报价的意见分歧程度也就越高。

模型11和模型12中被解释变量为询价机构投资者报价的竞争程度，即报价偏度。从表4.6可以知道，无论是网络媒体报道总量还是非负面报道数量，报价偏度的系数都在5%的显著水平下为负。这说明询价机构投资者之间报价竞争比较激烈，所报价格主要集中在高价格区域，呈现出显著的"左偏"态势。网络媒体负面报道虽然降低了询价机构投资者的报价竞争程度，但并不显著。该结果一方面说明网络媒体的非负面报道越多，IPO投资价值相对越高，而在我国IPO仍是一种相对稀缺资源，若成功申购则几乎等于获得了较高的"固定收益"，因而询价机构投资者会积极参与申购报价，导致过度竞争，这与俞红海，刘烨，李心丹[126]和刘志远，郑凯，何亚南[136]研究结果一致；另一方面也与我国IPO股份的分配制度有关，IPO网下配售明确规定只有高于发行价的申购对象才能获得获配机会，实行按比例或抽签配售的方式，高的报价是进入网下配售之门的门槛，当IPO具有较高投资价值时，询价机构投资者为了挤入门槛，会尽可能提高报价。由此，假说

3a 得以证实。

控制变量中，IPO 公司成立年份越久，询价机构投资者之间的意见分歧程度越小，这可能是因为公司成立年份越久，询价机构用于报价的信息越充分，报价的一致性就越强；上市地点及每股收益都与询价机构意见分歧呈正相关关系，说明在深交所上市的公司一般成长性较高导致每股收益都比较高，公司未来的不确定性较高，定价的难度较大，导致询价机构投资者之间的意见分歧严重。而市场情绪越高，不同的询价机构投资者之间的理性程度在高涨的市场情绪面前表现不同，导致对市场情绪的利用程度不同，从而造成定价的差异较大。针对报价偏度来说，公司规模越大，报价偏度越集中在低价格区域，部分原因在于公司规模越大，市场对其的关注程度越高，信息越透明，报价相对较低；承销商声誉越高，报价越高，根据前面的分析，这是对承销商的声誉补偿。

表 4.6　　　　　网络媒体报道与询价机构投资者报价行为

	σ		$bidskew$	
	模型 9	模型 10	模型 11	模型 12
常数项	-10.096 ***	-10.110 ***	-1.985	-1.983
	(-3.79)	(-3.80)	(-1.58)	(-1.58)
$media1$	0.240 *		-0.083 **	
	(1.86)		(-2.36)	
$badnews1$	-0.217		0.042	
	(-1.15)		(1.47)	
$nmedia1$		-0.073		0.006
		(-1.12)		(0.20)
$nnmedia1$		0.260 *		-0.082 **
		(1.90)		(-2.28)
$size$	-0.093	-0.095	0.079 **	0.079 **
	(-0.83)	(-0.85)	(2.49)	(2.50)
age	-0.448 *	-0.445 *	0.005	0.004
	(-1.94)	(-1.93)	(0.04)	(0.03)

续表

	σ		*bidskew*	
	模型 9	模型 10	模型 11	模型 12
local	0.798 ** (2.38)	0.797 ** (2.38)	0.136 (0.87)	0.137 (0.87)
EPS	3.305 *** (12.58)	3.316 *** (12.60)	0.075 (0.60)	0.074 (0.60)
underrep	-0.108 (-0.63)	-0.103 (-0.60)	-0.048 * (-1.77)	-0.049 * (-1.79)
senti	1.016 *** (5.57)	1.008 *** (5.53)	0.105 (1.23)	0.105 (1.22)
观测值	462	462	462	462
调整的 R^2	0.323	0.323	0.105	0.103
F 统计量的 P 值	0.000	0.000	0.003	0.004

注：括号中的数字为变量的 T 值，*，** 和 *** 分别表示 10%，5% 和 1% 的显著性水平。

　　表 4.7 是对假说 3b 的检验。模型 13 中，机构投资者意见分歧的系数为 0.015，在 1% 的显著水平与 IPO 发行价调整正相关，即意见分歧程度每提高 1 个百分点，IPO 发行价向上调整 0.015 个百分点，承销商在观察到询价机构较高的意见分歧程度后，会抑制部分悲观的意见氛围（在卖空限制下，股票价格主要由乐观投资者决定[140]，而承销商调整 IPO 发行价以"尊重"乐观询价机构的意见表达）。而从模型 14 中可知，询价机构投资者"左偏"越严重，机构投资者报价的竞争越激烈，IPO 发行价相对于承销商的投资价值报告向上调整的幅度越大。在这个过程中可能存在 IPO 过高定价的问题，财富分配有利于发行人和承销商而不利于询价机构投资者。IPO 价格调整既是承销商主动行为的结果（获得更多的发行收入进而获得更多的承销费用），也是 IPO 定价规则的必然结果，因为询价机构投资者报价的过度竞争必定拉高了整体平均报价，而 IPO 发行价在平均报价的要求也使得 IPO 定价相对更高。

表 4.7　　　　　　　　询价机构投资者报价行为与 IPO 发行价调整

	模型 13	模型 14
常数项	-0.467 * (-1.78)	-0.727 *** (-2.85)
σ	0.015 *** (3.21)	
bidskew		-0.051 *** (-5.20)
size	-0.019 * (-1.66)	-0.016 (-1.45)
age	0.015 (0.63)	0.008 (0.36)
local	0.004 (0.11)	0.023 (0.68)
EPS	-0.136 *** (-4.44)	-0.082 *** (-3.17)
underrep	0.044 ** (2.53)	0.040 ** (2.33)
senti	0.048 ** (2.55)	0.069 *** (3.85)
观测值	462	462
调整的 R^2	0.080	0.112
F 统计量的 P 值	0.000	0.000

注：括号中的数字为变量的 T 值，* , ** 和 *** 分别表示 10%，5% 和 1% 的显著性水平。

4.5　稳健性检验

第一，效仿 Deephouse[141] 的做法，对网络媒体报道的基调进行处理，得到总体的网络媒体报道情绪变量 wenjiax。具体定义如下：

$$wenjiax1 = \begin{cases} \dfrac{p^2 - pn}{T^2}, 若\ p > n \\ 0, 若\ p = n \\ \dfrac{pn - n^2}{T^2}, 若\ n > p \end{cases} \quad (4.1)$$

其中，p 为网络媒体正面报道数量，n 为网络媒体负面报道数量，T 为网络媒体报道总量，时间跨度为初步询价截止日前一个月。变量的 *wenjiax*1 取值范围为（-1，1），若为 -1 则表示网络媒体报道全部为负面，若为 1 则表明 IPO 公司全部为正面新闻。将变量 *wenjiax*1 分别替代上述有关网络媒体的变量，检验结果如表4.8所示。表4.8中，除了报价偏度整体不显著外（F 统计量的 P 值为 0.236），其他回归方程中，变量 *wenjiax*1 的系数均在 5% 的显著水平下与被解释变量正相关。说明网络媒体报道的高涨情绪能够推高 IPO 发行定价、提高询价机构投资者的参与热度及意见分歧程度，表明前述的研究结论是稳健可靠的。

表4.8　　　　　　　　　　　**稳健性检验1**

	adoffp	*inquiryN*	*sgbs*	σ	*bidskew*
常数项	-0.628 **	3.115 ***	6.324 ***	-8.982 ***	-2.464 **
	(-2.39)	(4.76)	(6.46)	(-3.47)	(-2.03)
*wenjiax*1	0.042 **	0.140 **	0.184 **	0.803 **	-0.178 *
	(2.42)	(2.53)	(2.16)	(2.38)	(-1.86)
size	-0.020 *	0.018	-0.188 ***	-0.090	0.078
	(-1.72)	(0.63)	(-4.43)	(-0.80)	(1.47)
age	0.009	-0.043	-0.007	-0.427 *	-0.001
	(0.36)	(-0.74)	(-0.08)	(-1.85)	(-0.01)
local	0.019	-0.278 ***	0.006	0.137	0.147
	(0.54)	(-3.26)	(0.04)	(0.13)	(0.87)
EPS	-0.087 ***	-0.385 ***	-0.630 ***	3.284 ***	0.080
	(-3.25)	(-5.77)	(-6.32)	(12.47)	(0.65)
underrep	0.092	0.069	-0.089	-0.097	-0.051
	(0.86)	(1.58)	(-1.37)	(-0.56)	(-0.63)
senti	0.064 ***	0.150 ***	-0.178	1.003 ***	0.115
	(3.49)	(3.26)	(-0.26)	(5.52)	(1.35)
观测值	462	462	462	462	462
调整的 R^2	0.061	0.189	0.133	0.319	0.064
F 统计量的 P 值	0.000	0.000	0.000	0.000	0.236

注：括号中的数字为变量的 T 值，*，** 和 *** 分别表示 10%，5% 和 1% 的显著性水平。

第二，考虑到我国股市暴涨暴跌的"特色"，我们将根据上证指数对样本进行分组，以检验是否在不同的股市阶段，网络媒体报道对投资者的影响不同进而对 IPO 定价的影响不同。2011 年 6 月开始，上证指数从最高的 2933 点持续下跌，到 2012 年 9 月跌破 2000 点，此后一个月始终在 2000 点以上小幅震荡，因此，我们将在 2011 年 6 月以后上市的 IPO 公司看作是在熊市阶段上市的公司，作为比较将 2011 年 6 月以前上市的 IPO 公司看作是在正常阶段上市的公司。分组稳健性检验的结果如表 4.9 和 4.10 所示。从表 4.9 可以看出，不管是熊市阶段还是正常阶段，网络媒体非负面报道和负面报道的作用几乎没有发生变化，网络媒体非负面报道仍与 IPO 发行价调整正相关且能提高询价机构的新股参与热度及报价竞争程度，而网络媒体负面报道却起到相反的作用。另外，在熊市阶段，网络媒体负面报道的显著性更强，系数绝对值更大，这是因为在熊市阶段网络媒体的负面报道相对更多（通过两个阶段样本均值 T 值检验，发现 T 值为 3.516，表明在 1% 的显著性水平下熊市阶段的网络媒体负面报道量大于正常阶段；而两个阶段的媒体报道总量和非负面报道量样本均值 T 值检验均不显著，前者 T 值为 −1.067，后者 T 值为 −0.670）。表 4.10 中各个变量与 IPO 发行价的显著性关系同样在两个阶段并没有发生变化，表明前述的研究结论是稳健可靠的。

表4.9 稳健性检验 2

	熊市阶段					正常阶段				
	$adoffp$	$inquiryN$	$sgbs$	σ	$bidskew$	$adoffp$	$inquiryN$	$sgbs$	σ	$bidskew$
常数项	-0.223** (-2.89)	3.921*** (4.86)	6.701*** (6.28)	-3.224*** (2.08)	-2.298* (-1.84)	-1.16*** (-3.89)	0.657** (2.47)	1.222** (2.53)	-11.718*** (6.93)	-0.897 (-0.83)
$nnmedia1$	0.056*** (4.39)	0.046* (1.93)	0.105** (2.10)	0.162* (1.65)	-0.107** (2.17)	0.083*** (6.21)	0.113** (2.34)	0.038* (1.78)	0.285** (2.04)	-0.067** (-2.86)
$nmedia1$	-0.181** (-2.57)	-0.025** (-2.67)	-0.038** (-2.17)	-0.090* (-1.67)	0.013 (0.77)	-0.026* (-1.96)	-0.008 (-1.39)	-0.119 (-0.86)	-0.053 (-0.60)	0.002 (0.02)
$size$	-0.030** (-2.59)	0.023 (0.67)	-0.217*** (-4.72)	-0.153 (-1.44)	0.022** (2.49)	-0.008 (-0.41)	0.007 (0.14)	-0.149* (-1.87)	0.029 (0.14)	0.197 (2.64)
age	0.026 (1.12)	-0.035 (-0.50)	0.094 (1.01)	-0.136* (-1.73)	0.003 (0.03)	-0.034 (-0.76)	-0.082 (-1.50)	0.228 (-1.37)	-0.671** (2.01)	0.049 (0.20)
$local$	0.006 (-0.16)	-0.225** (-2.16)	0.195 (1.42)	0.404* (1.72)	0.026 (0.19)	0.033 (0.52)	-0.401*** (-4.29)	-0.429* (-1.84)	1.571** (2.56)	0.458 (1.31)
EPS	-0.066*** (-3.48)	-0.455*** (-5.89)	-0.751*** (-7.13)	2.991*** (13.26)	0.170 (1.64)	-0.090* (-1.92)	-0.245*** (-4.69)	-0.465*** (-3.43)	3.992*** (7.93)	0.053 (0.26)
$underrep$	0.032*** (2.76)	0.004 (0.08)	0.018 (0.25)	-0.078 (-0.48)	-0.099* (-1.83)	0.047 (1.45)	0.150** (2.05)	-0.262** (-2.20)	-0.305 (-0.85)	-0.036 (-0.66)
$senti$	0.030** (2.49)	0.053* (1.76)	-0.105 (-1.15)	0.142*** (4.15)	0.203 (1.21)	0.081*** (4.49)	0.441*** (4.79)	0.499*** (2.62)	1.478*** (5.87)	0.048 (1.48)

续表

	熊市阶段					正常阶段				
	adoffp	inquiryN	sgbs	σ	bidskew	adoffp	inquiryN	sgbs	σ	bidskew
观测值	285	285	285	285	285	177	177	177	177	177
调整的 R^2	0.225	0.144	0.286	0.327	0.116	0.096	0.179	0.146	0.321	0.033
F 统计量的 P 值	0.000	0.000	0.000	0.000	0.000	0.000	0.000	0.000	0.000	0.236

注：括号中的数字为变量的 T 值，*，** 和 *** 分别表示10%，5%和1%的显著性水平。

表 4.10　稳健性检验 3

	熊市阶段				正常阶段			
	adoffp				adoffp			
常数项	-0.034 (-0.11)	-0.158 (-0.52)	-0.706** (-2.23)	-0.389** (-2.32)	-0.697 (-1.55)	-0.798 (-1.40)	-0.850 (-1.38)	-0.389 (-1.06)
inquiryN	0.150*** (8.07)				0.304*** (11.85)			
sgbs		0.110*** (7.84)				0.098*** (4.94)		
σ			0.005* (1.68)				0.009** (2.17)	

续表

变量	熊市阶段 adoffp				正常阶段 adoffp			
bidskew	−0.032*** (−2.97)			−0.102*** (−6.91)				−0.033*** (−2.39)
size		−0.005 (−0.43)	−0.028** (−2.34)	−0.027** (−2.43)	−0.015 (−0.92)	0.001 (0.06)	−0.013 (−0.59)	−0.006 (−0.29)
age	0.034 (1.54)	0.018 (0.82)	0.029 (1.17)	0.028 (1.22)	−0.009 (−0.28)	−0.007 (−0.17)	−0.024 (−0.51)	−0.028 (−0.63)
local	0.032 (0.98)	−0.023 (−0.71)	−0.003 (−0.09)	−0.005 (−0.15)	0.146*** (3.02)	0.065 (1.07)	0.009 (0.15)	0.039 (0.92)
EPS	−0.002 (0.08)	0.012 (0.46)	−0.083** (−2.41)	−0.051** (−1.98)	−0.023 (−0.59)	−0.054 (−1.07)	−0.137** (−2.23)	−0.102* (−1.97)
underrep	0.030* (1.79)	0.029* (1.70)	0.031* (1.69)	0.021 (1.23)	0.010 (0.40)	0.085*** (2.75)	0.058* (1.79)	0.059* (1.85)
senti	0.056*** (2.66)	0.034* (1.67)	0.053** (2.25)	0.027** (2.26)	0.024 (1.47)	0.077*** (2.65)	0.087 (1.33)	0.027* (1.81)
观测值	285	285	285	285	177	177	177	177
调整的 R^2	0.258	0.230	0.061	0.198	0.463	0.147	0.048	0.056
F 统计量的 P 值	0.000	0.000	0.001	0.000	0.000	0.000	0.021	0.018

注：括号中的数字为变量的 T 值，*，** 和 *** 分别表示 10%，5% 和 1% 的显著性水平。

99

4.6　本章小结

本章实证研究询价阶段网络媒体报道量及报道倾向对 IPO 发行价的影响，并引入机构投资者（询价机构）探究其参与申购及报价行为所发挥的作用，证实了"媒体信息—投资者行为—资产价格"的微观机理。研究发现，网络媒体的非负面报道能够提高 IPO 发行价，即 IPO 发行价相对于投资价值进行了向上的调整，而负面报道导致了 IPO 发行价进行向下的调整。网络媒体的这种对 IPO 发行价的作用效果主要通过询价机构投资者的参与和报价行为得以体现，即网络媒体的非负面报道能够提高询价机构投资者的参与热度和报价竞争程度，而负面报道却减弱了询价机构的参与热度并降低了他们的报价竞争程度。承销商通过询价过程了解到询价机构投资者的参与热度和观察到他们报价的竞争情况，之后才相应做出调整。这种作用机理表明，网络媒体的信息传播中介、信息生产作用及监督治理功能使得他们成为了投资者决策的重要参考依据。因此，建立媒体自律机制，净化媒体报道环境，真正发挥出媒体减少信息不对称及做好市场"看门狗"的作用。

我国 IPO 市场存在严重的信息不对等，网络媒体应大有"用武之地"，但受利益驱动，在 IPO 静默期也存在媒体异化的现象，即媒体和 IPO 公司合谋损害投资者的利益。基于本章的研究，我们认为完善网络媒体报道在 IPO 市场的角色显得尤为重要。一方面可通过建立类似美国的"新闻评议委员会"及"媒体确实报道组织"，创造一个公平、公开的媒体报道市场，使媒体能客观、公正地报道；另一方面，加强媒体的第三方监督报道权利，给予媒体查阅上市公司的相关资料，容许媒体的驻地跟踪报道，以给投资者提供更充分、全面和真实的企业信息。

第5章 网络媒体环境下个人投资者行为与IPO首日回报

在我国IPO发行市场上，个人投资者行为是驱动整个二级市场股价运行的重要因素。这是因为个人投资者是中国股市价格形成最主要的参与者。2013年，中国股市个人投资者只持有27%的市值，但交易量的比重达到85%①（而美国三大证券交易所每天的交易活动中，个体散户只占到11%②）。个人投资者不仅具有一般性的偏差，同时还具有本土化的偏差，如媒体依据心理、专家情结等[142,143]。再加上中国IPO市场长期处于卖方市场，所以个人投资者的交易行为一般都有非理性的特征，不研究报表和披露文件，靠信息驱动做决策。在互联网时代，股民和网民高度重合，网络媒体成为个人投资者获取信息和表达情绪的重要平台。那么，网络媒体报道的信息如何影响个人投资者的行为进而影响IPO首日回报的？进一步，网络媒体报道的基调是否对个人投资者新股认购和交易行为造成不同的影响？即当网络媒体报道的内容为IPO公司的正面信息，是否激发个人投资者新股认购及交易情绪；当网络媒体报道的内容为IPO公司的负面信息，是否会降低个

---

① 姚刚：中国股市以散户为主 致市场资源配置错误，http：//money. 163. com/13/0301/17/8OT85TCT00254ITV. html

② http：//finance. sina. com. cn/column/usstock/20130304/161914712632. shtml？ bsh_ bid =199836846。

人投资者新股参与及市场交易程度？本章通过实证研究将对此进行回答。

5.1 引言

新股上市首日回报率是 IPO 领域由来已久的研究问题，这些研究主要从两个维度展开：一级市场的发行定价和二级市场的市场定价。国外早期的理论研究指出，IPO 首日超额回报率主要源于一级市场抑价。由于信息不对称——机构投资者拥有新股内在价值的私人信息，使得发行人必须通过抑价诱使机构投资者真实揭示其关于发行人内在价值的私人信息，以提高 IPO 定价效率[112,113]。这一理论得到了大量的实证研究支持，最具代表性的是 Hanley[144] 以及 Ljungqvist 和 William[145] 的研究。一级市场抑价解释成立的前提条件是二级市场是有效的。而随着研究的不断深入，二级市场的有效性不断受到质疑，越来越多的研究指出二级市场投资者情绪能够影响新股定价及上市首日回报率。Derrien[124]，Ljungqvist，Nanda 和 Singh[125] 首先建立模型从理论上给出了解释。此后有关二级市场投资者情绪的研究成为热点，Cornelli，Goldreich 和 Ljungqvist[146]，Dorn[147]，Chan[148] 等一批学者利用不同地区、不同时间的 IPO 样本，采用不同的情绪度量指标检验了二级市场投资者情绪对新股上市首日回报率的影响。

由于中国股市二级市场的个人投资者占绝大多数，导致市场非有效性更加明显。个人投资者的非理性行为导致中国 IPO 市场具有"消息市"的典型特征，"好"消息可能刺激个人投资者的过度乐观情绪；而"坏"消息也能够导致个人投资者的恐慌。江洪波就指出[149]，中国 IPO 超高的首日收益的形成不是一级市场定价过低，而是个人投资者的狂热情绪导致二级市场对新股定价过高。个人投资者非理性行为的一个重要原因在于其易被外界信息左右，被动的由外界信息驱动做出投资决策。一是由于个人投资者自身的能力局限，使得他们无法深度研究报表或深入企业调研，只能依靠外部信息为其提供"智力支持"；二是由于个人投资者的"从众心理"作祟，即便某些个人投资者能够清醒地觉察到 IPO 公司存在的问题，但在强大的"优势意见"前仍感到"孤立的恐惧"，他们最终可能会放弃自我意见的表达。作为重要的外界刺激和信息符号，媒体尤其是网络媒体很容易成为个人投资者的决策信息源。个人投资者往往在网络媒体报道中寻求与自身观念相同或相似的信息，以此形成"共鸣"以强化自身观念的"正确性"，并将此类信息作为投资决策的支撑依据。因此，网络媒体对个人投资者行为具有决定性的影响。

而事实上，在我国 IPO 上市流程中，个人投资者的参与体现在两个时间点：第一个时间点是在 IPO 发行价确定之后，这时承销商需要发布《网上路演公告》进行路演，网上路演结束后，开始网上发行申购，这时个人投资者可以通过网上申购来投资自身关注的 IPO 股票；第二个时间点才是 IPO 上市首日，在 IPO 上市首日，股票开始正式交易，个人投资者通过股票买卖行为参与到 IPO 交易中。因此本章分别考察两个时间点上网络媒体报道对个人投资者行为的影响。首先，借助百度新闻搜索获取的新闻报道数据，从报道量及报道基调两个方面研究网络媒体信息对 IPO 首日回报的影响；其次，探讨上述影响的作用机理，即先研究网络媒体信息对个人投资者参与人数、申购倍数及交易特征等行为的影响，再研究这些行为对 IPO 首日回报的影响。

5.2　研究假说

5.2.1　网络媒体报道与 IPO 首日回报

在网络技术迅猛发展的时代，网络媒体与金融市场相互影响、共生共荣,已经成为金融市场上不可或缺的重要组成部分。从信息传播的角度看,网络媒体成为个人投资者最主要的信息来源,个人投资者普遍缺乏搜集处理市场信息的专业能力,其决策更容易受到新闻媒体的影响。受行为金融学理论发展的推动,网络媒体报道与 IPO 首日回报的关系逐渐成为研究的热点问题。

关于媒体报道与 IPO 首日回报的关系,现有文献主要从信息不对称和行为金融两个视角展开。从信息不对称的角度来看,媒体报道能够缓解投资者尤其是个人投资者的信息不对称问题。媒体在帮助个人投资者了解 IPO 公司信息方面发挥了不可替代的作用,投资者需要借助媒体了解 IPO 公司。媒体尤其是网络媒体以其强大的信息挖掘能力,通过搜索、分析和传播公司的信息,极大地降低了投资者的信息搜寻成本,削弱了知情交易者的信息优势,成为投资者了解新股的主要的信息渠道。同时网络媒体减少了 IPO 公司的不确定性,降低了资产误定价程度,增强了市场的有效性。因此网络媒体报道能够提高 IPO 定价效率,降低 IPO 超高首日回报(抑价)。Pollock 和 Rindova[46] 利用 225 个 IPO 样本公司研究了媒体报道和 IPO 首日回报的关系。研究发现,媒体报道与 IPO 首日回报呈现一种负向且边际递减的关系。文章结果证实媒体报道信息的确反映了 IPO 公司的合法性(即促进了公司治理)。Jang[150] 以台湾 IPO 公司为样本检验了媒体提供的信息如何影响 IPO 抑价及换手率。研究发现,IPO 前的长期媒体报道越多,IPO 抑价程度越低;而 IPO 前的短期媒体报道却提高 IPO 抑价程度。说明长期媒体报道能够减少 IPO 事前不确定性,缓解投资者的"理性无知"程度。熊艳,李常青,魏志华[110] 认为当投资者理性时,媒体报道为 IPO 市场注入大量信息,降低了 IPO 外部投资者之间的信息不对称程度,能够提高 IPO 定价效率;而当投资者非理性时,则媒体的炒作能够激发投资者的新股需求,导致较高的 IPO 首日回报。

从行为金融学的角度来看,媒体报道通过影响投资者的注意力配置或者说投资者情绪而导致 IPO 异常的首日回报。由于人的注意力是有限的，那些显著的刺激和信息通常才能引起人的注意。媒体对公司的重复持续报道或报道基调为正面报道有可能激发投资者的乐观情绪，导致投资者的非理性行为。具体而言，投资者尤其是个人投资者往往依赖于媒体所建立的观察事物的基础架构，习惯于根据媒体提供的信息确立自己对待问题的重视程度。这其中包含一个重要的层面即启发性层面，也就是说，公众会根据媒体议题设置的主次来调整自身的认知和赋予议题重要性和紧急性的权重，进而转化投资者自身的观点、态度和倾向。根据"沉默的螺旋"理论[84]，大众一般害怕孤立，因而当他们发现自己的观点和其他大多数人不一致时，为避免与众不同而遭到嫌弃和孤立，他们一般不会固执己见，甚至一部分人会迎合多数人的观点，造成符合多数人观点的意见表达被放大和扩散；而对那些不愿迎合多数人观点的人，则会倾向于保持沉默。其结果是：意见一方的沉默造成多数人观点的增势，这种情况反复循环，从而形成强势意见的一方越来越强大，而弱势意见的一方渐渐消沉，这种情形恰似一个上大下小的螺旋发展过程。作为意见的领袖，媒体的发声很容易被大范围地扩散，投资者尤其是个人投资者的羊群行为又不断地重复、自我强化和放大媒体的意见。最后，在投资者范围内形成乐观或悲观的情绪，情绪本身又具有"传染性"。投资者的互动强化了情绪的传染效果，逐渐积累成强大的"情绪环境"，导致投资者行为的趋同效应，进而影响市场对资产的定价机制。媒体的散布谣言假说（buzz hypotheis）认为，媒体通常会在 IPO 前对 IPO 公司进行"轰炸"式的报道以吸引投资者的注意力，进而激发投资者高涨的情绪并将 IPO 首日价格推到高位，表现为较高的 IPO 首日回报[151]。Liu，Sherman 和 Zhang[26]研究指出 IPO 前媒体报道量与 IPO 首日回报显著正相关，并认为这种现象是由于媒体吸引了投资者的注意力从而激发更多的市场需求所致。

　　先前对媒体与 IPO 首日回报的研究过程中，主要采用媒体报道量作为媒体报道或媒体关注的代理变量。媒体报道量是一个量化指标，虽然可以反映媒体对 IPO 公司的关注程度，也会对投资者注意力配置及由此引致的投资者情绪产生影响，但若要深入的理解媒体报道对 IPO 首日回报的影响，仅仅考察量化指标显然并不全面。因为不同的报道基调对 IPO 首日回报的影响机理并不相同，正面的信息可能源于媒体的有偏报道，从而导致新股的错误定价进而抬高了 IPO 首日回报，中性的媒体报道通过信息中介的作用缓解了信息不对称，从而可能缓解 IPO 首日回报，而负面的媒体报道则更多体现出媒体的监督功能，从而降低 IPO 首日回报。因此现有文献从不同的报道基调深入探讨了媒体对 IPO 首日回报的影响。Cook[62] 研究认为，承销商并不会被动等待乐观个体的出现，而是主动通过各类推介活动吸引情绪投资者，营造乐观的新股发行氛围，该研究直接使用新闻报道的数量来测度承销商的营销努力程度，作者抽查了 5452 条 IPO 新闻的内容，结果发现超过 99% 的新闻报道是非负面的，这是其能够直接用新闻数量代表承销商推介活动的必要条件。游家兴，郑建鑫[64] 从媒体情绪的角度探讨了媒体情绪与 IPO 异象之间的关系。研究发现，一方面媒体由于广泛的影响力和权威性成为投资者十分重要的信息源，它们所传递的观点会被投资者当成权威去模仿；另一方面媒体报道会通过投资者的跟风行为和传染效应，渲染市场的非理性情绪。作者研究发现，当新闻报道所传递的媒体情绪越乐观，新股发行的抑价程度越大，而伴随其后的则是一个长期的价格纠正过程。方军雄[65] 以 IPO 预披露制度对 IPO 有偿沉默的影响为切入点研究媒体的负面效应。研究发现，IPO 时支付有偿沉默的公司，即 IPO 公司通过公关行为"俘获"媒体，使其报道公司乐于公开的信息，IPO 之后出现业绩反转的可能性更高，IPO 之后的会计盈余质量更低，这意味着在中国 IPO 市场上 IPO 公司与媒体存在"合谋"行为，导致 IPO 公司上市过程存在机会主义行为。Vega[152] 认为 IPO 前的媒体负面报道一方面会在较大范围内增加投资者关于 IPO 公司的负面情绪，增加了其申购风险；另一方面媒体的负面报道也会因此影响潜在投资者对 IPO 企业的估值水平，使其投资行为趋于谨慎甚至放弃申购，从而缓解超高 IPO 首日回报。

在我国 IPO 市场上，个人投资者占据绝大多数，这些投资者对信息的搜集和处理能力有限，尤其对市场传闻、管理层未来展望等这些"软信息"更无能为力，因为这些信息的处理成本非常高昂。因此，作为重要的外界刺激和信息符号，媒体尤其是网络媒体很容易成为个人投资者的决策信息源。个人投资者往往在网络媒体报道中寻求与自身观念相同或相似的信息，以此形成"共鸣"以强化自身观念的"正确性"，并将此类信息作为投资决策的支撑依据。媒体尤其是网络媒体一方面由于广泛的影响力和权威性成为个人投资者十分可靠的信息源，个人投资者竞相模仿和追捧媒体的意见；另一方面媒体的意见会引发个人投资者的跟风行为和传染效应，渲染非理性情绪。投资者可能在媒体对 IPO 公司"一路绿灯"的意见气氛中激发更多的市场需求，也可能在媒体的"集体唱衰"下对 IPO 公司表现出"集体冷漠"。基于此，提出本章的第一个研究假说：

假说 1：网络媒体非负面报道与 IPO 首日回报正相关，负面报道与 IPO 首日回报负相关。

5.2.2　网络媒体报道影响 IPO 首日回报的机理

网络媒体同样是连接 IPO 信息资源与个人投资者需求的纽带，与机构投资者相比，个人投资者缺乏专业能力，无法及时捕捉到市场上的信息，从而更加依赖网络媒体对 IPO 公司信息的汇总。网络媒体在满足个人投资者信息需求的同时还记录了他们的行为动态。个人投资者从网络媒体报道总量及报道基调中提取信息并依据这些信息做出他们的判断和决策，进而体现在 IPO 首日回报中。以图形的形式展现网络媒体报道影响 IPO 首日回报的机理（见图 5.1）。

第一，网络媒体报道影响 IPO 首日回报的桥梁之一是 IPO 公司上市前个人投资者的关注度或者申购情绪。在我国 IPO 市场上，个人投

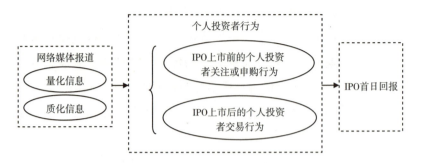

图 5.1　网络媒体影响 IPO 首日回报机理

资者关注更为重要，因为我国股市上个人投资者占据绝大多数。个人投资者关注程度直接决定了 IPO 进程的顺利程度。拟上市的公司为了能成功 IPO，必须能吸引足够多的个人投资者关注，这样 IPO 公司发行的股票才能在二级市场上被顺利认购和交易。而由于 IPO 公司公开信息非常有限，媒体在帮助个人投资者了解 IPO 公司信息方面发挥了不可替代的作用。一方面，投资者需要借助媒体了解 IPO 公司。媒体尤其是网络媒体以其强大的信息挖掘能力，通过搜索、分析和传播公司的信息，极大地降低了投资者的信息搜寻成本，成为投资者了解新股的主要的信息渠道。投资者根据媒体报道的次数和基调决定是否关注 IPO 公司。另一方面，IPO 公司借助媒体对投资者尤其是个人投资者的影响力来强化投资者对自身的认可。面对海量信息，怎样让投资者关注自己成为 IPO 公司面临首要的问题。IPO 公司需要借助媒体这个强大的工具，通过迎合媒体偏好、利益输送等措施让媒体加强对自身希望公开的信息进行大肆渲染进而吸引投资者的关注。在 IPO 上市前，发行价格确定后需要进行网上申购，这时企业通过媒体公关，将广告性质的新闻覆盖于各类媒体之上，媒体覆盖面越广，正面报道数量越多，可能被其"俘获"的个人投资者越多，这些个人投资者阅读了关于该 IPO 公司的某篇正面新闻后，可能认为该企业新股具有潜在的投资价值，进而会对其产生进一步深入了解的冲动。Cook[62] 研究认为，承销商主动通过各类推介活动吸引投资者的关注，营造乐观的新股发行氛围，该研究直接使用新闻报道的数量来测度承销商的营销努力程度，即通过新闻媒体的正面报道吸引投资者的关注进而参与股票的交易活动。Barber 和 Odean[74]认为投资者在买入股票时面临着成千上万的投资选择。根据心理学的研究，由于人的认知能力的有限性，只有那些能抓住投资者注意力（attention – grabbing）的股票才会被投资者加入投资股票池中。也就是说投资者尤其是个人投资者更倾向于购买那些引起他们关注的股票。Dong Lou[80]研究指出，公司管理层通过调整广告支出影响投资者关注短期股票价格。广告支出的增长导致个人投资者购买行为增加及同期异常收益的增长。同时，IPO 前的管理层的广告支出策略能够引起个人投资者的激进购买行为，进而使现有股东获得收益。宋双杰，曹晖，杨坤[81]利用谷歌趋势提供的搜索量数据，构建了一个投资者关注的直接衡量指标，运用行为金融学中的投资者关注理论，系统解释了 IPO 市场存在的三种异象，即 IPO 前个股网络搜索量对于市场热销程度、首日超额收益和长期表现都有更好的解释力和预测力。

　　同样，网络媒体的负面报道形成的意见会导致个人投资者关注度的下降或引致个人投资者的悲观情绪。一是网络媒体的负面报道本身说明 IPO 公司存在一定的问题，个人投资者考虑到持股风险，会减少对 IPO 新股的申购；二是网络媒体的负面信息很容易在个人投资者之间形成"传染效应"，引发个人投资者的恐慌情绪。网络媒体负面信息的这种叠加效应导致个人投资者取消对 IPO 公司的关注，表现为停止申购 IPO 股票进而导致较低的 IPO 首日回报。Tetlock[88]利用华尔街日报专栏对于股市的评论分析了媒体内容与股市交易活动的关系。研究发现，更多媒体对股市的悲观预期导致股价产生向下的压力，之后股价将向基本面恢复，这些结果与噪声交易模型相吻合，即媒体的悲观预期导致投资者的情绪低落，因此他认为媒体的报道内容可以作为投资者情绪的良好的代理变量。张维，翟晓鹏，邹高峰，熊熊[83]运用我国主板及中小板 2010 ~ 2012 年的股票数据，考虑互联网信息的影响，构建投资者关注的代理变量，同时将投资者关注分为机构投资者关注和个体投资者关注。研究发现投资者关注对 IPO "破发" 具有显著影响。游家兴，郑建鑫[64] 基于文本分析，从报道基调、曝光程度和关注水平三个维度构建了媒体情绪指数，研究发现媒体情绪越悲观，IPO 股票首日回报越低。牛枫，叶勇[28] 基于 2009～2012 年 869 家中小板上市公司为样本考察了媒体负面报道与 IPO 首日回报的关系，研究发现媒体负面报道越多，媒体监督力度越大，IPO 公司首日回报越低。综上，提出本章的第二个研究假说：

假说 2a：网络媒体非负面报道越多，IPO 公司上市前个人投资者关注度越高或申购情绪越高涨；网络媒体负面报道越多，IPO 公司上市前个人投资者关注度越低或申购情绪越低落。

假说 2b：IPO 公司上市前个人投资者关注度或申购情绪与 IPO 首日回报正相关。

第二，网络媒体报道通过影响 IPO 公司上市后个人投资者交易行为进而影响 IPO 首日回报。

IPO 公司上市后股票开始正式交易。因为以下两个原因，我国 IPO 公司上市首日交易者主要体现为个人投资者。第一，机构投资者具有 3 个月锁定期的要求。尽管 2012 年 5 月 25 日之后，证监会取消了新股机构投资者的 3 个月锁定期要求，承销商可以和机构投资者自主确定锁定期限，但却要求承销商提出稳定价格策略。这时机构投资者往往主动承诺一定期限的锁定期，一是因为机构投资者需要与承销商建立长期合作伙伴关系，并不会大量抛售股票致使 IPO 公司股票下降从而使得承销商采取损害自身利益的价格稳定策略；二是机构投资者的大量沽空可能会引发监管部门的监测和调查，从而遭受时间成本和声誉损失。第二，中国股市以个人投资者为主。这些个人投资者的交易以投机为主，主要以价差的形式获取收益，并不像机构投资者那样以价值投资的方式长线持有。而 "新股神话" 的不断上演使得个人投资者对我国 IPO 具有先验的乐观情绪，一级市场与二级市场的巨大价差使得打新股"几乎稳赚不赔"。因此，个人投资者的这种天生的"贪婪"使得他们扎堆在 IPO 首日交易中以获取价差收益。

学术上对 IPO 上市后个人交易行为的刻画主要采取三个指标：交易订单不平衡率（small trade order imbalance）、流动性比率及换手率。Chan[154] 利用 TAQ 数据库中的交易规模构建了个人投资者交易变量，研究了个人投资者交易行为与 IPO 首日回报的关系。研究发现，在 IPO "热市"中，IPO 上市首日收盘价相对于开盘价的收益（open - to - close return）与个人投资者的交易行为显著正相关。但上述相关关系在"冷市"中并不成立。徐浩峰，侯宇[155] 透过微结构数据的分析，发现个人投资者交易存在过度自信特征，可能过度高估私人信息精确性，导致错误定价。他们根据买卖交易的划分确定个人投资者的交易：如果一笔交易的成交价格大于当前的买卖报价中点值，则为买方发起的，相反则为卖方发起的。当成交价格与买卖报价中点值相等时，用"tick test"进行划分。根据交易额划分个人投资者和机构投资者：交易额在 5000 元以下者为个人投资者。最后以每个交易日个人投资者买入交易额与卖出交易额的差除以交易日前 90 日平均交易量，作为个人投资者的买入交易。虽然他们的研究不是针对 IPO 公司，但结果同样适用于 IPO 公司上市首日交易研究。Amihud[156] 研究指出预期市场流动性与股票超额收益呈现显著的正相关关系。Shen 和 You[157] 利用 Amihud[156] 建立的流动性指标检验中国 IPO 市场其与 IPO 首日回报的关系，研究发现两者同样存在显著的正相关关系。换手率指标是经常使用的个人投资者交易的替代变量。汪宜霞，张辉[158] 以 IPO 上市首日换手率衡量投资者交易之间的意见分歧，研究卖空限制条件下，投资者交易的意见分歧程度是否对 IPO 首日回报产生影响。研究结果表明，上市首日换手率越高，IPO 首日回报也越高。张子健，张帮正[159] 同样以上市首日换手率衡量投资者的交易行为，研究了盈余稳健性与上市首日换手率的关系。结合本章的研究现实，采用上市首日换手率作为个人投资者交易行为的替代变量。因为交易订单不平衡率虽然是衡量个人投资者的不错的指标，但因其需要用到高频交易数据，苦于数据可得性，无法采用这项指标，这也是本书的一个不足之处；而流动性比率需要用到上市后多日换手率数据，并不符合 IPO 上市首日这一要求。

结合前面的分析，网络媒体的非负面报道能够激发个人投资者的情绪，这种情绪在 IPO 上市首日体现为个人投资者的积极交易行为，他们根据对 IPO 股票乐观的预期频繁进行股票的交易以期达到预期收益。因此，当网络媒体非负面报道增多时，IPO 上市首日换手率会增加进而导致 IPO 价格上涨。相反，当网络媒体报道充斥着关于 IPO 公司的负面新闻时，个人投资者调低对 IPO 公司的收益预期，减少或不参与 IPO 公司的买卖活动，导致 IPO 上市首日换手率的降低进而导致 IPO 价格下跌。综上，提出本章的第三个研究假说：

假说 3a：网络媒体非负面报道越多，IPO 公司上市首日换手率越高；网络媒体负面报道越多，IPO 公司上市首日换手率越低。

假说 3b：IPO 公司上市首日换手率与 IPO 首日回报正相关。

5.3　研究设计

5.3.1　数据来源及样本选择

与第 4 章相同，最终的研究样本包括 462 家 IPO 公司。

同样的，网络媒体新闻报道数据来自百度新闻搜索的统计。具体过程如下：首先，在研究网络媒体报道与 IPO 上市前个人投资者关注度关系时，将搜索限定在 IPO 公司初步询价结束日前一个月至网上申购截止日。因为在这段时间内，IPO 公司价格已经确定，个人投资者通过网上申购体现和汇总了他们对 IPO 公司的关注度；在研究网络媒体报道与 IPO 上市首日换手率的关系时，将搜索限定在初步询价截止日至上市前一日。因为前期的网络媒体的信息已经体现在了个人投资者网上申购上，而新的个人投资者由于有限的注意力不大可能关注更早期的信息，根据个人投资者信息的两种来源渠道（询价机构的报价及网络媒体报道），他们最可能从询价结束后发行价的确定开始关注 IPO公司。其次，仍以 IPO 公司的中文简称作为搜索关键词。考虑到不同数量的新闻报道对投资者的影响不同，即使同一条新闻，不同的转载量和新闻来源对投资者的"刺激"也不同。考虑到投资者获取新闻的途径不同，本章同样并没有剔除重复的新闻报道（由于媒体之间的相互转载，导致新闻报道存在大量的重复）。

为了获得新闻报道的基调，与第四章相同，采用人工阅读的方式对网络媒体信息进行甄别。同样没有按照正面、中性、负面的方式进行新闻基调的划分，是因为多数所谓中性的新闻，来源于 IPO 公司的各类公告材料，其在总体性质上接近于宣传企业及证券发行活动的"软广告"，本质可以归为准正面新闻。

个人投资者的参与数据来自《首次公开发行股票网上定价发行申购情况及中签率公告》，首先在巨潮网上下载《首次公开发行股票网上定价发行申购情况及中签率公告》，然后经手工整理而成；IPO 上市前的相关财务数据来自 Resset 数据库；投资者新增开户数来自中登结算公司的统计月报；一些宏观经济数据来自国家统计局网站；其他数据来自 Wind 数据库。

5.3.2　变量定义

1. 媒体信息相关变量。

网络媒体报道总量：根据个人投资者参与 IPO 公司的时间顺序，本章需要用到两个网络媒体报道总量。其一，用初步询价截止日前一个月至网上申购截止日的媒体报道数量与 1 的和的自然对数表示，用符号 $media2$ 表示；其二，用初步询价截止日至上市前一日的网络媒体报道量与 1 的和的自然对数表示，用符号 $media3$ 表示。

网络媒体负面报道：分别根据 $media2$ 和 $media3$ 采用两种方式刻画：第一，用虚拟变量，即 IPO 公司是否存在负面报道，分别用符号 $badnews2$ 和 $badnews3$ 表示；第二，用网络媒体负面报道量表示，即针对 $media2$ 来说，用初步询价截止日前一个月至网上申购截止日的媒体负面报道数量与 1 的和的自然对数表示，用符号 $nmedia2$ 表示；针对 $media3$ 来说，用初步询价截止日至上市前一日的网络媒体负面报道量与 1 的和的自然对数表示，用符号 $nmedia3$ 表示。

网络媒体非负面报道：用网络媒体报道总量与负面报道量的差与 1 的和的自然对数表示，针对 $media2$ 和 $media3$，分别用符号 $nnmedia2$ 和 $nnmedia3$ 表示。

2. 个人投资者相关变量。

个人投资者关注度：用网上定价发行有效申购户数及超额认购倍数两个指标来表示个人投资者对 IPO 公司的关注度或申购热情。实证中用它们的自然对数表示，分别用符号 $sghs$ 和 $cesgbs$ 表示。需要说明的是，不参与网下询价发行的机构投资者也可以参与网上发行过程，但由于对单个账户的申购数量的严格限制，网上发行的参与人主要还是个人投资者为主，在网上参与账户个人以及网上新股需求总量中，机构对应比例都比较小，因此直接用《首次公开发行股票网上定价发行申购情况及中签率公告》文件中所披露的网上有效申购户数和超额认购倍数来表示个人投资者的关注程度和参与的踊跃程度（即情绪）。

个人投资者交易行为：用上市首日换手率表示个人投资者交易行为，用符号 $turnover$ 表示。诚然，如果能获得具体交易账户数据，就能很好地识别和测度个人投资者的交易行为，但具体交易账户数据受严格保密，并不能轻易获得。虽然利用高频数据构建订单不平衡率指标也能大致体现个人投资者的交易，但一是这种做法的主观性很强（尤其是在判定以多少交易额作为区分个人和机构投资者的标准上）；二是高频数据同样并不容易获得。结合我国股市以个人投资者为主的现实，再加上在样本期间内，大多数 IPO 公司机构投资者仍然要求具有 3 个月的锁定期，我们以 IPO 首日换手率表示个人投资者的交易活跃度。

3. IPO 首日回报：根据文献通常的做法，用经同期市场收益调整的 IPO 上市首日收盘价与发行价的相对百分比表示，用符号 *adIR* 表示，即 *adIR* =（IPO 首日收盘价 – 发行价）/发行价 – 同期市场收益。其中，若 IPO 公司在上交所上市，则用上证综指收益表示市场收益；若 IPO 公司在深交所上市，则用深圳综指收益表示市场收益。

4. 控制变量。

公司规模：公司总资产的自然对数，取上市前三年的平均值，用符号 *size* 表示。

公司年龄：公司成立据上市年限的对数，用符号 *age* 表示。

上市地点：用虚拟变量表示，即若 IPO 公司在深交所上市，则取值为 1，否则取值为 0，用符号 *local* 表示。

每股收益：公司总盈利和公司总股本比值的自然对数，取上市前三年的平均值，用符号 *EPS* 表示。

承销商声誉：借鉴 Aggarwal, Krigman 和 Womack[137]用虚拟变量表示，即承销商在承销 IPO 公司前三年承销金额和承销数量均排名在前 10 位的取 1，否则取 0，用符号 *underrep* 表示。

市场情绪：参照刘维奇，刘新新[108]的研究，用 IPO 公司上市当月股票市场新增开户数的自然对数表示，用符号 *senti* 表示。

各变量的具体定义见表5.1。

表5.1　　　　　　　变量名称及定义

变量符号	变量名称	变量定义
media2	网络媒体报道总量 1	ln（初步询价截止日前一个月至网上申购截止日网络媒体报道量 +1）
media3	网络媒体报道总量 2	ln（初步询价截止日至上市前一日网络媒体报道量 +1）
badnews2	网络媒体负面报道虚拟变量 1	在 *media2* 中，若 IPO 公司存在负面报道，取值为 1，否则为 0

变量符号	变量名称	变量定义
*badnews*3	网络媒体负面报道虚拟变量 2	在 *media*2 中，若 IPO 公司存在负面报道，取值为 1，否则为 0
*nmedia*2	网络媒体负面报道量 1	ln（初步询价截止日前一个月至网上申购截止日网络媒体负面报道量 +1）
*nmedia*3	网络媒体负面报道量 2	ln（初步询价截止日至上市前一日网络媒体负面报道量 +1）
*nnmedia*2	网络媒体非负面报道量 1	ln（初步询价截止日前一个月至网上申购截止日网络媒体非负面报道量 +1）
*nnmedia*3	网络媒体非负面报道量 2	ln（初步询价截止日至上市前一日网络媒体非负面报道量 +1）
sghu	个人投资者关注度 1	ln（网上有效申购户数）
cesgbs	个人投资者关注度 2	ln（网上超额认购倍数）
turnover	个人投资者交易行为	IPO 上市首日换手率
adIR	IPO 首日回报	（IPO 首日收盘价 – 发行价）/发行价 – 同期市场收益
size	发行规模	公司总资产的自然对数，取上市前三年的平均
age	公司年龄	ln（公司成立距上市年限 +1）
local	上市地点	即若 IPO 公司在深交所上市，则取值为 1，否则取值为 0
EPS	每股收益	公司总盈利和公司总股本比值的自然对数，取上市前三年的平均值
underrep	承销商声誉	即承销商在承销 IPO 公司前三年承销金额和承销数量均排名在前 10 位的取 1，否则取 0
senti	市场情绪	IPO 公司上市当月股票市场新增开户数的自然对数

5.3.3　描述性统计

表 5.2 给出了变量的描述性统计结果。从表 5.2 可以看出，初步询价截止日前一个月至网上申购截止日的网络媒体报道总量、负面报道

量及非负面报道量均大于相应的初步询价截止日至上市前一日相应的媒体变量。这主要是因为后者的时间段较短，我国 IPO 过程中从初步询价截止日到上市一般在 15 日之内，因此媒体各相关变量均小于前者。这也说明网络媒体从 IPO 发布招股意向书到 IPO 正式上市之间的报道相对平稳。另外，两个时间段的网络媒体对 IPO 公司的报道都非常不均衡，有些公司获得了媒体的"青睐"，而有的公司却遭到媒体的"集体冷落"，报道量为 0。这种情况一是说明某些 IPO 公司的"亮点"（如规模庞大，股权复杂，产品创新等）吸引了媒体的关注；二是可能存在媒体与 IPO 公司的"合谋"，即媒体为利益驱动大肆渲染 IPO 公司。同时，与第 4 章相似，网络媒体负面报道整体上远小于非负面报道。

网上有效申购户数和超额认购倍数同样差别很大，体现了个人投资者的参与踊跃程度差异很大或者说个人投资者的申购情绪差异较大。网上有效申购户数最大的为浙江世宝（代码为 002703）达到 840724户，最小的为维尔利（代码 300190）只有 166589 户，前者是后者的5 倍。超额认购倍数最大的仍然是浙江世宝达到 742 倍，最小的为光一科技（代码为 300356）仅为 1.25 倍，前者是后者的近 594 倍。

从上市首日换手率来看，同样差别很大，最大为 0.959，最小为0.121（见表 5.2）。说明个人投资者的交易活跃度差异较大，那么交易活跃的 IPO 公司网络媒体报道非负面数量是否较多，在 5.4 节的实证部分对这一问题给予回答。调整的 IPO 首日回报差别更明显，部分 IPO 公司出现"破发"的情况，是否这些公司的网络媒体负面报道较多，同样需要进一步的验证。

表 5.2　　　　　　　　　　相关变量的描述性统计

变量	均值	中位数	最大值	最小值	标准差
media2	5.421	5.539	7.087	2.197	0.701
media3	5.231	5.378	7.391	0	0.774

变量	均值	中位数	最大值	最小值	标准差
badnews2	0.578	1	1	0	0.503
badnews3	0.535	1	1	0	0.512
nmedia2	1.575	1.609	5.832	0	1.542
nmedia3	1.299	0.693	5.416	0	1.430
nnmedia2	5.378	5.495	6.914	2.197	0.682
nnmedia3	5.195	5.340	7.242	0	0.764
sghu	12.068	12.162	15.030	9.046	0.810
cesgbs	4.468	4.610	6.609	0.223	0.915
turnover	0.671	0.768	0.959	0.121	0.236
adIR	0.246	0.161	6.230	−1.023	0.422

5.4 实证结果及分析

5.4.1 对假说 1 的检验

从表 5.3 可知，初步询价截止日前一个月至网上申购截止日的网络媒体报道总量与 IPO 首日收益在 5% 的显著水平下显著正相关，而非负面报道则在 1% 的显著水平下显著正相关。并且 media2 的系数为 0.037，而 nnmedia2 的系数为 0.093，即网络媒体报道总量每提高 1%，IPO 首日回报提高 0.037%；网络媒体非负面报道每提高 1%，IPO 首日回报提高 0.093%。这说明网络媒体非负面报道对 IPO 首日收益的影响程度大于媒体报道总量，结合 badnews2 及 nmedia2 的系数为负数，我们可以推知推高 IPO 首日收盘价的主要因素是网络媒体的非负面报道。虽然 badnews2 及 nmedia2 与 IPO 首日回报存在负的相关性，但两者均不显著，这可能是因为相对于非负面报道，网络媒体的负面报道数量太少的缘故。

表 5.3　　　　　　　　　　网络媒体报道与 IPO 首日回报

	模型 1	模型 2	模型 3	模型 4
常数项	0.751 (1.23)	0.811 (1.33)	0.624 (1.01)	0.538 (0.88)
media2	0.037** (2.20)			
badnews2	− 0.030 (− 0.99)			
nnmedia2		0.093*** (2.70)		
nmedia2		− 0.045 (− 1.46)		
media3			0.020 (0.74)	
badnews3			− 0.047 (− 1.13)	
nnmedia3				0.053** (2.39)
nmedia3				− 0.012 (− 0.45)
size	− 0.013 (− 0.51)	− 0.014 (− 0.56)	− 0.016 (− 0.62)	− 0.016 (− 0.64)
age	0.029 (0.57)	0.028 (0.54)	0.027 (0.52)	0.026 (0.50)
local	− 0.015 (− 0.19)	− 0.020 (− 0.27)	− 0.016 (− 0.21)	− 0.016 (− 0.22)
EPS	− 0.297*** (− 5.04)	− 0.304*** (− 5.16)	− 0.297*** (− 5.01)	− 0.293*** (− 4.96)
underrep	0.037 (0.97)	0.036 (0.92)	0.036 (0.92)	0.034 (0.89)
senti	− 0.011 (− 0.26)	− 0.007 (− 0.17)	− 0.009 (− 0.21)	− 0.004 (− 0.09)
观测值	462	462	462	462
调整的 R^2	0.052	0.058	0.046	0.055
F 统计量的 P 值	0.000	0.000	0.000	0.000

注：括号中的数字为变量的 T 值，*，** 和 *** 分别表示 10%，5% 和 1% 的显著性水平。

模型 3 和模型 4，网络媒体报道的时间段是初步询价截止日至上市前一日。不管是网络媒体报道总量还是非负面报道均与 IPO 首日回报呈正相关关系，不过前者并不显著。网络媒体是否存在负面报道及负面报道量虽然都与 IPO 首日回报负相关，但并不显著，从描述性统计中我们知道这同样与负面报道数量相对太少有关。整体来说，假设 1 得到了验证。

在控制变量中，每股收益与 IPO 首日回报均在 1% 的显著性水平负相关。究其原因，可能是每股收益高的 IPO 公司一般为成长性较强的公司，其 IPO 定价较高且不确定性更大，因而其上市首日收盘价相对于发行价上涨空间较小甚至小于发行价（"破发"）的情况。

5.4.2　对假说 2 的检验

表 5.4 是对假说 2b 的检验。模型 5 中，网络媒体报道总量在 1% 的显著性水平下与网上有效申购户数正相关，网络媒体报道总量每增加 1%，网上有效申购户数增加 0.166%。模型 6 中，网络媒体非负面报道每增加 1%，网上有效申购户数在 1% 的显著水平下增加 0.173%。一是说明网络媒体是个人投资者主要的信息源，个人投资者依赖网络媒体获取有关 IPO 公司的信息，即通过网络媒体开始关注 IPO 公司；二是说明个人投资者依据网络媒体信息进行决策，网络媒体报道的正面基调激发了个人投资者的新股需求。但模型 5 和模型 6 中，虽然网络媒体是否存在负面报道及负面报道量均与网上有效申购户数负相关，但并不显著，这主要是因为负面报道量太少，有的 IPO 公司在整个时间段内都不存在负面报道。模型 7 和模型 8 是用网上超额认购倍数表示的个人投资者的申购情绪。网络媒体报道总量及非负面报道数量均在 5% 的显著性水平下与网上超额认购倍数正相关，且网络媒体非负面报道提高网上超额认购倍数的幅度更大。网络媒体负面报道与网上超额认购倍数存在负相关关系，但同样并不显著。总之，网络媒体非负

面报道的确能够提高个人投资者的申购情绪。总体上，假说2b得以检验。

表5.4　　　　　　网络媒体报道与个人投资者申购情绪

	sghu		cesgbs	
	模型5	模型6	模型7	模型8
常数项	6.795 *** (6.29)	6.842 *** (6.35)	2.658 ** (2.24)	2.714 ** (2.28)
media2	0.166 *** (3.12)		0.146 ** (2.49)	
badnews2	−0.101 (−1.35)		−0.123 (−1.50)	
nnmedia2		0.173 *** (3.15)		0.156 ** (2.58)
nmedia2		−0.030 (−1.20)		−0.033 (−1.22)
size	0.068 (1.54)	0.067 (1.50)	−0.198 *** (−4.50)	−0.200 *** (−4.09)
age	−0.093 (−1.02)	−0.095 (−1.04)	−0.008 (−0.08)	−0.010 (−0.10)
local	0.289 ** (2.18)	0.285 ** (2.15)	0.365 ** (2.50)	0.361 ** (2.47)
EPS	−0.904 *** (−8.69)	−0.907 *** (−8.71)	−0.970 *** (−8.47)	−0.973 *** (−8.49)
underrep	0.088 (1.29)	0.085 (1.25)	0.059 (0.79)	0.056 (0.74)
senti	0.366 *** 5.01)	0.363 *** (4.96)	0.304 *** (3.78)	0.300 *** (3.72)
观测值	462	462	462	462
调整的 R^2	0.201	0.201	0.241	0.239
F统计量的P值	0.000	0.000	0.000	0.000

注：括号中的数字为变量的T值，*，** 和 *** 分别表示10%，5%和1%的显著性水平。

在控制变量中，在深交所上市的公司更能引起个人投资者的兴趣。原因在于个人投资者一般投机性比较强。而在深交所上市的公司大多数为中小企业，不确定性较强，适合投机。但每股收益越高，个人投资者却明显减少 IPO 股票申购（一般来说在深交所上市的公司的每股收益相对比较高），这可能是因为每股收益较高的公司定价比较高，个人投资者可能认为投机存在较大的风险。市场情绪显著与个人投资者申购情绪正相关，市场情绪越高涨，个人投资者越容易被鼓动。

表 5.5 是对假说 2b 的检验。模型 9 是用网上有效申购户数表示的个人投资者申购情绪，模型 10 是用网上超额认购倍数表示的申购情绪。从表 5.5 可以看出，无论是网上有效申购户数还是网上超额认购倍数均与 IPO 首日回报呈显著的正相关关系，且显著性水平均为 1%。网上有效申购户数每增加 1%，IPO 首日回报增加 0.192%，网上超额认购倍数每增加 1%，IPO 首日回报增加 0.199%。总体来说，个人投资者申购情绪与 IPO 首日回报存在正相关关系，这就验证了假说 2b。这些结果充分说明了个人投资者的更旺盛的新股需求导致了 IPO 较高的首日回报，这与 Liu，Sherman 和 Zhang[27] 的研究结论一致。在以个人投资者为主的中国股市及 3 个月锁定期限制的背景下，IPO 上市首日较高的回报主要由个人投资者的需求动机引致的。

表 5.5　　　　　　　个人投资者申购情绪与 IPO 首日回报

	模型 9	模型 10
常数项	−0.809 (−1.39)	−0.026 (−0.05)
sghu	0.192 *** (7.80)	
cesgbs		0.199 *** (9.05)
size	−0.028 (−1.19)	0.024 (1.03)
age	0.044 (0.90)	0.028 (0.59)
local	−0.069 (−0.97)	−0.087 (−1.24)

续表

	模型 9	模型 10
EPS	-0.123^{**} (-2.05)	-0.103^{*} (-1.76)
underrep	0.016 (0.43)	0.021 (0.59)
senti	-0.081^{**} (-2.09)	-0.071^{*} (-1.88)
观测值	462	462
调整的 R^2	0.157	0.190
F 统计量的 P 值	0.000	0.000

注：括号中的数字为变量的 T 值，*，** 和 *** 分别表示 10%，5% 和 1% 的显著性水平。

市场情绪与 IPO 首日回报呈负相关关系，这主要是因为个人投资者的申购情绪已经包含了市场情绪。

5.4.3 对假说 3 的检验

表 5.6 是对假说 3a 的检验。表 5.6 中被解释变量为上市首日换手率，媒体报道的时间段为初步询价截止日至上市前一日。从表 5.6 可知，网络媒体报道总量与非负面报道量与 IPO 上市首日换手率在 5% 的显著性水平下正相关，网络媒体报道尤其是非负面报道越多，个人投资者意识到 IPO 公司可能具有较强的投资价值，个人投资者的投机天性使得他们乐观地认为其他投资者会跟进购买，当所有个人投资者预期一致时，便产生了行动的趋同性，这种羊群行为导致 IPO 价格整体被抬高。另外，是否存在负面报道及负面报道数量虽与上市首日换手率负相关，但并不显著。从媒体报道的系数可知，较高的 IPO 上市首日换手率主要是由于网络媒体的非负面报道所致。这就验证了假说 3a。

表 5.6 网络媒体报道与个人投资者交易行为

	模型 11	模型 12
常数项	0.995 *** (2.91)	1.003 *** (2.94)
media3	0.036 ** (2.39)	
badnews3	− 0.036 (− 1.53)	
nnmedia3		0.040 ** (2.08)
nmedia3		− 0.007 (− 0.85)
size	− 0.020 (− 1.44)	− 0.021 (− 1.46)
age	− 0.048 * (− 1.67)	− 0.049 * (− 1.69)
local	0.019 (0.45)	0.019 (0.44)
EPS	− 0.140 *** (− 4.26)	− 0.142 *** (− 4.31)
underrep	0.009 (0.40)	0.007 (0.34)
senti	0.026 (1.11)	0.025 (1.06)
观测值	462	462
调整的 R^2	0.055	0.051
F 统计量的 P 值	0.000	0.000

注：括号中的数字为变量的 T 值，*，** 和 *** 分别表示 10%，5% 和 1% 的显著性水平。

从控制变量中，我们易知，公司年龄与 IPO 上市首日换手率在 10% 的显著性水平下负相关。这可能是因为公司成立越久，信息暴露得越充分，IPO 公司的不确定性越低，二级市场个人投资者对其的估值偏差较小。每股收益在 1% 的显著水平下与 IPO 上市首日换手率负相关，通过前面的分析可知，每股收益越高，IPO 发行价格相对较高，个人投资者买卖需要支付更多的费用，投资或投机的风险较高，个人投资者减少买卖活动。

表 5.7 是对假说 3b 的检验。从表 5.7 可知，IPO 上市首日换手率与 IPO 首日回报在 1% 的显著性水平下正相关，IPO 上市首日换手率每提高 1%，IPO 首日回报提高 0.838%。IPO 上市首日换手率越高，个人投资者买卖越积极，而个人投资者的行为很容易在相互之间进行传染进而导致追涨杀跌的羊群行为。个人投资者的频繁换手意味着他们之间的意见分歧很严重，有些个人投资者预期乐观或认为存在投机机会，便接手 IPO 股票；有些个人投资者预期悲观或认为股票已经不存在上涨空间，便出手卖出 IPO 股票。而在卖空限制的条件下，IPO 公司的股票价格只能由预期乐观的投资者决定[160]。

表 5.7　　　　　　　　个人投资者交易行为与 IPO 首日回报

	模型 13
常数项	0.125 (0.24)
turnover	0.838 *** (11.28)
size	0.004 (0.20)
age	0.069 (1.49)
local	−0.027 (−0.40)
EPS	−0.182 *** (−3.42)
underrep	0.028 (0.82)

续表

	模型 13
senti	−0.046
	(−1.26)
观测值	462
调整的 R²	0.254
F 统计量的 P 值	0.000

注：括号中的数字为变量的 T 值，＊，＊＊和＊＊＊分别表示 10%，5% 和 1% 的显著性水平。

5.5 稳健性检验

第一，效仿 Deephouse[141] 的做法，具体参见第 4 章稳健性检验部分。由初步询价截止日前一个月与至网上申购截止日网络媒体报道构建的稳健性变量用符号 *wenjiax*2 表示；由初步询价截止日至上市前一日网络媒体报道构建的稳健性变量用符号 *wenjiax*3 表示。检验结果如表 5.8。从表 5.8 可以看出，除了 *wenjiax*2 对 *adIR* 不显著外，其他回归方程中媒体情绪变量均与被解释变量呈显著的正相关关系，说明研究结果整体上是稳健可靠的。

表 5.8 稳健性检验 1

	adIR	*adIR*	*sghu*	*cesgbs*	*turnover*
常数项	0.476	0.808	8.213 ***	3.93 ***	0.808 **
	(1.11)	(1.40)	(7.96)	(3.49)	(2.50)
*wenjiax*2	0.270		0.429 *	0.700 **	
	(1.23)		(1.81)	(2.21)	
*wenjiax*3		0.132 **			0.093 *
		(2.53)			(1.67)

续表

	adIR	adIR	sghu	cesgbs	turnover
size	−0.033 * (−1.75)	−0.014 (−0.56)	0.072 (1.60)	−0.196 *** (−3.98)	−0.022 (−1.55)
age	−0.010 (−0.27)	0.029 (0.55)	−0.102 (−1.10)	−0.024 (−0.23)	−0.049 * (−1.67)
local	−0.074 (−1.32)	−0.014 (−0.18)	0.292 ** (2.17)	0.365 ** (2.48)	0.017 (0.40)
EPS	−0.242 *** (−5.51)	−0.299 *** (−5.05)	−0.902 *** (−8.53)	−0.961 *** (8.32)	−0.140 *** (−4.22)
underrep	0.009 (0.33)	0.031 (0.80)	0.085 (1.22)	0.052 (0.70)	0.005 (0.21)
senti	0.032 (1.05)	−0.023 (−0.55)	0.322 *** (4.42)	0.266 *** (3.35)	0.027 (1.21)
观测值	462	462	462	462	462
调整的 R^2	0.070	0.145	0.322	0.385	0.085
F 统计量的 P 值	0.000	0.000	0.000	0.000	0.000

注：括号中的数字为变量的 T 值，＊，＊＊ 和 ＊＊＊ 分别表示 10%，5% 和 1% 的显著性水平。

第二，同样将 IPO 公司分成在熊市阶段上市和在正常阶段上市两个样本进行稳健性检验。检验结果如表 5.9 和表 5.10 所示。从表 5.9（表中未列示控制变量的系数）可以看出，网络媒体非负面报道仍然与各个被解释变量显著正相关，而网络媒体负面报道变量系数虽为负数，但整体上并不显著，这与前述研究结果相同。而表 5.10 中不管是在熊市阶段还是在正常阶段，被解释变量的显著性都没有发生改变，说明前述研究结论是稳健可靠的。

表 5.9   稳健性检验 2

	熊市阶段					正常阶段				
	adlR	*adlR*	*sghu*	*cesgbs*	*turnover*	*adlR*	*adlR*	*sghu*	*cesgbs*	*turnoner*
nnmedia2	0.038* (1.84)		0.220* (1.76)	0.210* (1.94)		0.151** (2.03)		0.074** (2.11)	0.020** (2.23)	
nmedia2	-0.031* (-1.76)		-0.034* (-1.67)	-0.051 (-1.62)		-0.107 (-0.70)		-0.057 (-1.01)	-0.025 (-0.86)	
nnmedia3		0.038* (1.82)			0.022 (1.37)		0.135** (2.18)			0.054** (2.11)
nmedia3		-0.029 (-1.36)			-0.006 (-0.96)		-0.011 (-0.25)			-0.015 (-0.54)
观测值	285	285	285	285	285	177	177	177	177	177
调整的 R^2	0.041	0.048	0.191	0.184	0.043	0.144	0.147	0.262	0.270	0.098
F 统计量的 P 值	0.004	0.005	0.000	0.000	0.000	0.000	0.000	0.000	0.000	0.000

注：括号中的数字为变量的 T 值，*，** 和 *** 分别表示 10%，5% 和 1% 的显著性水平。

表 5.10   稳健性检验 3

	熊市阶段		正常阶段	
	adlR	*adlR*	*adlR*	*adlR*
常数项	-1.588 (-1.11)	-0.698 (-0.78)	-2.453** (-2.61)	-1.799** (-2.62)
sghu	0.201*** (5.44)		0.141*** (5.36)	-0.031 (-0.04)

续表

变量	熊市阶段			正常阶段		
	adIR	adIR	adIR	adIR	adIR	adIR
cesgbs		0.212*** (6.67)			0.133*** (5.14)	
turnover			0.938*** (7.65)			0.619*** (8.96)
size	-0.005 (-0.14)	0.051 (1.46)	0.021 (0.64)	0.022 (0.89)	-0.059** (-2.44)	-0.028 (-1.29)
age	0.033 (0.46)	0.007 (0.11)	0.074 (1.08)	0.061 (1.20)	0.062 (1.23)	0.064 (1.41)
local	-0.027 (-0.26)	-0.035 (-0.34)	0.012 (0.12)	-0.138* (-1.91)	-0.117 (-1.64)	-0.093 (-1.47)
EPS	-0.197** (-2.31)	-0.160* (-1.91)	-0.226*** (-2.89)	-0.070 (-1.08)	-0.053 (-0.81)	-0.119** (-2.24)
underrep	0.038 (0.70)	0.045 (0.85)	0.061 (1.19)	0.017 (0.47)	0.007 (0.27)	-0.019 (-0.59)
senti	-0.038 (-1.54)	-0.036 (-1.53)	-0.056 (-0.84)	0.140** (-2.43)	-0.133* (-1.72)	0.126** (2.55)
观测值	285	285	285	177	177	177
调整的 R^2	0.136	0.176	0.210	0.259	0.268	0.370
F 统计量的 P 值	0.000	0.000	0.000	0.000	0.000	0.000

注：括号中的数字为变量的 T 值，*，** 和 *** 分别表示 10%，5% 和 1% 的显著性水平。

5.6　本章小结

本章实证研究两个阶段的网络媒体报道量及报道倾向对 IPO 首日回报的影响，并引入个人投资者探究其 IPO 上市前参与申购和 IPO 上市首日买卖交易行为所发挥的作用，同样证实了"媒体信息—投资者行为—资产价格"的微观机理。研究发现，网络媒体的非负面报道能够显著提高 IPO 首日回报，而负面报道虽导致了 IPO 首日回报降低，但并不显著。究其原因，主要是网络媒体负面报道数量太少。网络媒体的这种对 IPO 首日回报的作用效果主要通过个人投资者事前（IPO 上市前）参与和事后（IPO 上市后）买卖交易行为得以体现，即网络媒体的非负面报道能够提高个人投资者的事前申购情绪和事后买卖踊跃程度，而负面报道却减弱了个人投资者的参与热度并降低了他们的买卖踊跃程度。

针对个人投资者与 IPO 首日回报的关系，为防止 IPO 首日回报过高，使市场 IPO 定价严重偏离其基本价值，我们提出两条措施：第一，允许个人投资者参与询价。强化信息披露，促使中小投资者研究和熟悉新股，引导他们理性投资；第二，防止二级市场的"炒新"行为。通过市值配售、回拨机制以及新股上市首日的停牌措施，增加"炒新"的资金成本及风险。

第6章　网络媒体环境下
机构及个人投资者
互动行为研究

前面两章分别单独考察了网络媒体环境下询价机构投资者及个体投资者在 IPO 过程中所起的作用，随之而来的问题是询价机构投资者与个人投资者之间是否存在互动行为，即出于自身利益最大化考虑，询价机构投资者能否从个人投资者的行为中挖掘某种信号，并将其融入到自身的申购及报价中；而个人投资者能否从询价机构投资者的行为中提取某种信息，用于指导自身下一步的 IPO 公司参与行动，本章将对此展开讨论。

6.1　引言

行为金融学认为，在金融市场上理性投资者与噪声投资者能够长期共存[161]，且理性投资者可以从噪声交易过程中获得套利机会，而噪声交易者也能够迅速观察到理性投资者的交易策略和方向，及时调整自身的金融资产头寸。针对我国 IPO 市场来说，询价机构投资者首先介入 IPO 公司中，通过路演交流参与询价，承销商汇总得出 IPO 发行价格；在承销商刊发《发行公告》后，个人投资者才允许进行申购。因此，个人投资者能观察到机构投资的参与热度和报价行为并将这些信息作为自身新股参与行为的决策依据之一。同时，由于网络媒体（尤其是自媒体）的开放性和互动性，询价机构投资者也能够观察到个人投资者的情绪表达，进而能够将这种情绪融入到自身的新股参与行为中，本章就利用网络自媒体（东方财富网之"股吧"）的发帖数量和内容构建个人投资者情绪指标，结合我国 IPO 进程实证检验机构（询价机构）投资者与个人投资者是否存在这种互动性。

6.2　研究假说

6.2.1　个体投资者观察到询价机构的申购及报价后的行为

在我国股市上，个人投资者数量虽占据主导地位，但他们的信息加工能力却远远赶不上机构投资者。机构投资者一般被认为是专业的资金管理者，他们利用专业知识分析信息并通过多样化的手段以低风险获得高收益。而个人投资者往往根据价格走势进行买卖操作，或者靠道听途说的消息跟风炒作，表现为特定的"追涨杀跌""羊群行为"。余佩琨，李志文，王玉涛[162]从投资者仓位变化这一角度研究了机构投资者能否战胜个人投资者的问题。研究发现，机构投资者能够在消息公布之前对仓位做出相应的调整，并且仓位的调整与股票收益存在正相关关系，而个体投资者则是观察到机构投资者的仓位变化才开始行动调整自身的仓位，这种行动的迟缓导致他们采取与机构投资相反的操作策略，仓位的调整却与股票收益存在负相关关系。刘维奇，刘新新[108]利用滚动回归方法从量化股票收益对投资者情绪变化的敏感度这一新的角度入手，研究机构及个人投资者情绪在市场中扮演的角色。研究同样发现，机构投资者在市场上表现得更为理性，他们的情绪能够预测后市及个人投资者情绪，而个人投资者情绪却不具有预测性。就 IPO 市场来说，询价机构一方面愿意支出较高的成本对 IPO 公司进行实地调研，获得非公开信息，且能够在询价过程中与发行人进行交流以解答相关的疑惑；另一方面，询价机构投资者也有动机去解读或看穿公开信息，能从庞杂的信息群中发现有价值的信息，而剔除"噪声"。对个人投资者而言，他们自身能力和精力的限制导致他们对公开信息的解读能力较弱，也没有足够的资金支持去搜集非公开信息。因此，个人投资者通过询价机构的申购及报价行为间接获取有关 IPO 公司的相关信息，进而为自身是否参与新股及参与深度提供决策依据。如果询价机构的参与热度非常高或者报价较为激进，个人投资者会从两个方面考虑增加对新股的申购：一是认为该 IPO 公司确实得到了询价机构的认可，具有较高的投资价值；二是认为询价机构投资者具有 IPO 公司的信息优势，采取跟随询价机构投资者的策略能够获得市场收益。同样，如果询价机构投资者的新股参与非常冷淡，个人投资者为防止股票无法顺利出手，也会采用同样的策略减少或终止对新股的申购行为。由此，得出本章的第一个研究假说：

假说 1：个体投资者能够观察到询价机构投资者的 IPO 参与热度及报价行为，进而调整自身的新股申购行为。询价机构投资者对 IPO 公司的参与热度越高，报价越激进，个人投资者新股申购情绪越高。

6.2.2　询价机构观察到个人投资者情绪后的行为

事实上，投资者购买金融资产的目的是为了获取收益，所以投资者倾向于买入同样能够吸引其他投资者注意的资产，一旦理性投资者观察到其他投资者的注意力配置倾向，就会预测其他投资者的投资行为，进而调整自己的投资策略。张雅慧，万迪昉，付雷鸣[163]通过一个证券市场实验对投资者关注度进行了定量测量，进而检验了媒体报道对投资者关注和后续投资行为的影响。研究发现，媒体报道越多的股票投资者参与程度越高，其交易资金和交易量均显著高于媒体关注度低的股票，这是因为投资者喜欢投资其他投资者也关注的股票，而媒体具有聚焦和汇总投资者关注的功能，能将投资者的注意力吸引到自身报道的股票中。针对 IPO 过程来说，询价机构投资者询价之前及过程中，IPO 公司已经发布了招股意向书及其他的相关公告，个人投资者尤其是准备打新的个人投资者已经开始关注，他们通过网络自媒体表达自己对 IPO 公司的意见和看法，并能进行实时交流和互动。虽然网络自媒体中的个人意见表达存在较大的"噪声"，甚至有的根本与 IPO 公司无关，但汇总数量庞大的个人意见仍然能够发现整体上的意见氛围——整体上趋于乐观或悲观。询价机构投资者在询价过程中能够观察到个人投资者的整体氛围，并为自身利益考虑可能会将这种意见氛围纳入到报价过程中。

如果询价机构投资者观察到个人投资者对某只 IPO 公司股票的乐观情绪，会增加对该 IPO 公司的申购量及提高对其的报价水平，一是可以通过提高新股参与热度及报价水平使得新股定价提高（承销商通过汇总询价机构的报价来制定发行价，当询价机构的报价整体提高时，报价的平均值提高，而 IPO 发行价格要求在询价机构报价平均数或中位数附近），从而使得承销商获得更大的收益，而承销商也会"投桃报李"，积极邀请询价机构投资者参与新的 IPO 过程。二是 IPO 实行的是同价原则，即使询价机构投资者报出高价，但可能却以低价申购，个人投资者的情绪使得所申购的 IPO 股票能够顺利卖出，极大地减少了询价机构投资者的持股风险。如果询价机构投资者观察到个人投资者对某只 IPO 公司股票的悲观情绪，则考虑到持股风险，询价机构投资者可能会减少新股申购或降低报价积极性。由此，提出本章的第二个研究假说：

假说 2：询价机构投资者能够观察到个人投资者的情绪，进而调整自身的新股参与及报价行为。个人投资者情绪越高，询价机构投资者参与热度越高，报价越激进。

6.3　研究设计

6.3.1　数据来源及样本选择

与前两章一样，本章最终的研究样本包括 462 家 IPO 公司。与第 4 章相同，询价机构投资者参与新股的数据来自《网下配售结果公告》；与第 5 章相同，个人投资者参与新股的数据来自《首次公开发行股票网上定价发行申购及中签率公告》。首先在巨潮网上下载两类公告，然后经手工整理而成；IPO 上市前的相关财务数据来自 Resset 数据库；投资者新增开户数来自中登结算公司的统计月报；一些宏观经济数据来自国家统计局网站；其他数据来自 Wind 数据库。

那么如何衡量个人投资者的情绪呢？最直接和最直观的方法是观察个人投资者的言行。而网络自媒体为我们观察个人投资者的言行提供了载体。网络自媒体包括贴吧、微信、微博等，通过信息互动和交流，这些自媒体能够向外界展示其中的参与人的理念、情感和情绪。Bollen，Mao 和 Zeng[164] 搜集了几乎 2008 年全年的近 1000 万条 Twitter 上的公共微博，利用文本分析构建投资者情绪指标，并用该指标预测第二日道琼斯指数的涨跌，发现预测精度较高。金雪军，祝宇，杨晓兰[165] 抓取了 2012 年 10 月至 2013 年 9 月期间共 580 万发帖数据，借助文本分析技术，提取发帖中所蕴含的投资者意见，并在此基础上构建了看涨指数以及意见趋同指数，考察其与股票价格的关系。研究发现，看涨指数与股票收益呈正相关关系，且看涨指数能够预测第二日的股票收益率。

借鉴前人的研究，本章个人投资者情绪数据来自中国最大的股票论坛——东方财富网旗下的"股吧"（http：//guba. eastmoney. com/）。东方财富网旗下的"股吧"是一个开放的论坛，目前是我国最具影响力的互联网财经互动社区。"股吧"为每一只新股开辟了一个讨论区，可以根据股票中文名称或代码进行搜索，之后可以成为注册用户或过客进行发帖和讨论。注册用户会显示用户名，非注册浏览账户只显示其发帖地址。投资者若要发表对某只 IPO 股票的评论意见或查看与该股票相关的信息，可以进入对应的 IPO 空间讨论区。由于机构投资者通过官方微博，公司主页等自己专门的平台进行信息的发布，股吧的参与者绝大多数为个人投资者，由此构建的指标更能反映个人投资者的意见和情绪。

为了构建个人投资者情绪，效仿林振兴[82]的做法，对每一个 IPO 讨论区在初步询价截止日前一个月的所有发帖量进行统计，并逐条进行内容的甄别。首先根据积极、中性、消极的判断标准逐条对内容进行研判，其次以积极数量与消极数量的比值作为个人投资者的情绪度量指标，用符号 $rsenti$ 表示，即 $rsenti$ = 积极发帖数量/消极发帖数量。表 6.1 展示了具有代表性的帖子分类。

表 6.1   **典型帖子分类**

类别	典型帖子
积极	"看好股票潜质，求佛祖保佑中签"
	"借钱也要申购"
	"错过这个村就没这个店了，大家别犹豫"
中性	"谁能告诉我泰格医药的第三季度报哪里能看到？"
	"证监会出台的政策对未来新股发行有什么影响呢"
	"新手申购，有什么指导意见，请教高手"
消极	"发帖立誓，以后永不碰此股"
	"这种垃圾股能都上市，股市没救了"
	"电疗院，治疯子的地方，专治打新的疯子"

6.3.2　变量定义

变量的具体定义参加第 4 章及第 5 章的变量定义部分。需要指出的是在询价机构投资者的报价行为中，增加了两个新的变量：询价机构投资者报价算术平均值调整和询价机构投资者报价加权平均值调整。分别用符号 $admv$ 和 $adwmv$ 表示，其中 $admv=$（询价机构投资者报价算术平均值－投资价值报告中点值）/投资价值报告中点值；$adwmv=$（询价机构投资者报价加权平均值－投资价值报告中点值）/投资价值报告中点值。这两个指标反映出了询价机构投资者报价相对于投资价值报告的调整，说明询价机构投资者在获得某种信息后，将这种信息纳入到报价中。结合本章的分析，询价机构投资者观察到个人投资者情绪后，会将这种情绪融入到报价中，这与 Derrien[124]，Ljungqvist，Nanda 和 Singh[125] 将投资者情绪引入新股定价过程的机理是一致的。为更清晰的列示本章所需要用到的变量，表6.2 具体定义了本章需要用到的变量。

表6.2   变量名称及定义

变量符号	变量名称	变量定义
$inquiryN$	询价机构投资者参与热度1	Ln（询价机构投资者数量）
$sgbs$	询价机构投资者参与热度2	Ln（询价机构投资者申购数量）
$admv$	询价机构投资者报价算术平均值调整	（询价机构投资者报价算术平均值－投资价值报告中点值）/投资价值报告中点值
$adwmv$	询价机构投资者报价加权算术平均值调整	（询价机构投资者报价加权平均值－投资价值报告中点值）/投资价值报告中点值
$sghu$	个人投资者关注度1	Ln（网上有效申购户数）
$cesgbs$	个人投资者关注度2	Ln（网上超额认购倍数）
$rsenti$	个人投资者情绪	股吧中积极发帖数量/消极发帖数量
$size$	发行规模	公司总资产的自然对数，取上市前三年的平均
age	公司年龄	Ln（公司成立距上市年限＋1）
$local$	上市地点	即若IPO公司在深交所上市，则取值为1，否则取值为0
EPS	每股收益	公司总盈利和公司总股本比值的自然对数，取上市前三年的平均值

变量符号	变量名称	变量定义
underrep	承销商声誉	即承销商在承销 IPO 公司前三年承销金额和承销数量均排名在前 10 位的取 1，否则取 0
senti	市场情绪	IPO 公司上市当月股票市场新增开户数的自然对数

6.3.3 描述性统计

表 6.3 给出了变量的描述性统计结果。表 6.3 只给出 3 个变量的描述性统计结果，其他变量的描述性统计结果在第 4 章和第 5 章已经给出。从表 6.3 可以看出，平均来说，询价机构投资者报价均值（不管是算术平均值还是加权平均值）调整为负，说明询价机构投资者整体认为承销商给出的投机价值报告过高估计了 IPO 公司的价值，即使获得了网络媒体更多的正面报道和个人投资较乐观的信息，仍然认为 IPO 公司的价值小于承销商的估值。算术平均值向下调整幅度最大的是华鹏飞（代码为 300350），向上调整幅度最大的是四方股份（代码为 601126）；加权平均值向下调整幅度最大的是天广消防（代码为 002509），向上调整幅度最大的仍然是四方股份。

表 6.3 相关变量的描述性统计

变量	均值	中位数	最大值	最小值	标准差
admv	−0.193	−0.190	0.414	−1	0.201
adwmv	−0.181	−0.184	0.420	−1	0.184
rsenti	1.513	1.561	4.793	−0.231	0.746

个人投资者情绪均值为 1.513，即属于积极的发帖数量是属于消极的发帖数量的 1.513 倍。说明在 IPO 初步询价截止日前一个月中，个人投资者整体是处于相对乐观情绪。同时也说明了在中国 IPO 市场上，

IPO 公司仍属于稀缺资源，个人投资者对之具有先验性的乐观情绪。个人投资者情绪最大值达到 4.793，即属于积极的发帖数量几乎是属于消极的发帖数量的 5 倍。个人投资者情绪最高的 IPO 股票是浙江世宝（代码为 002703），其总的发帖量达到 8721 条；个人投资者情绪最低的 IPO 股票是华东重机（代码为 002685），其情绪值为 −0.231，其总的发帖量为 960 条。从个人投资者情绪变量中，我们知道个人投资者对 IPO 公司的意见分歧非常大，某些 IPO 公司获得较多的个人投资者的"赞许"，而另外某些 IPO 公司却收获了个人投资者的"冷漠"。

6.4 实证结果及分析

6.4.1 对假说1的检验

从表 6.4 可以看出，个人投资者在 IPO 前的网上有效申购户数和网上超额认购倍数与询价机构投资者的新股参与数量、申购倍数、报价算术平均值调整及报价加权平均值调整均在 1% 的显著性水平下正相关。这些结果表明，个人投资者对新股的申购行为与询价机构的申购及报价行为保持一致性，即个人投资者观察到询价机构投资者的新股申购及报价行为并以此作为自身行为的决策依据，效仿询价机构投资者的行为，采取跟随策略，当询价机构投资者新股参与热度提高时，个人投资者申购情绪同样高涨；当询价机构投资者报价较为激进，竞争较为激烈时，个人投资者同样对 IPO 新股持乐观情绪。询价机构投资者俨然成了个人投资者的"意见领袖"。由此，假说 1 得以验证。上述结果同时也说明个人投资者在 IPO 过程中处于信息劣势地位，他们获取信息的方式一是网络媒体的报道，二是询价机构投资者的申购和报价行为所蕴含的信息，这也为询价机构投资者利用个人投资者的信息劣势为自身牟取利益提供了条件。

表6.4 个人投资者观察到询价机构投资者申购和报价行为

	sghu					cesgbs		
	模型 1	模型 2	模型 3	模型 4	模型 5	模型 6	模型 7	模型 8
常数项	6.437*** (6.56)	5.795*** (5.78)	8.943*** (8.86)	8.821*** (8.85)	2.143** (1.98)	1.290 (1.18)	4.667*** (4.18)	4.567*** (4.13)
inquiryN	0.600*** (8.70)				0.623*** (8.16)			
sgbs		0.398*** (8.60)				0.442*** (8.73)		
admv			0.918*** (5.36)				0.084*** (4.42)	
aduwv				1.132*** (6.07)				1.056*** (5.11)
size	0.065 (1.56)	0.151*** (3.52)	0.090** (2.05)	0.103** (2.35)	-0.203*** (-4.38)	-0.108** (-2.31)	-0.179*** (-3.68)	-0.167*** (-3.44)
age	-0.064 (-0.74)	-0.087 (-1.01)	-0.072 (-0.80)	-0.056 (-0.63)	0.021 (0.22)	-0.003 (-0.03)	0.010 (0.10)	0.025 (0.25)
local	0.473*** (3.74)	0.303** (2.42)	0.291*** (2.23)	0.281** (2.16)	0.555*** (3.97)	0.379*** (2.77)	0.369** (2.54)	0.358** (2.49)

续表

	sghu				cesgbs			
	模型 1	模型 2	模型 3	模型 4	模型 5	模型 6	模型 7	模型 8
EPS	-0.686*** (-6.75)	-0.667*** (-6.51)	-0.832*** (-8.01)	-0.820*** (-7.96)	-0.742*** (-6.61)	-0.704*** (-6.29)	-0.905*** (-7.87)	-0.892*** (-7.81)
underrep	0.048 (0.75)	0.125* (1.95)	0.054 (0.81)	0.051 (0.77)	0.017 (0.24)	0.099 (1.41)	0.028 (0.37)	0.024 (0.32)
senti	0.219*** (3.21)	0.316*** (4.67)	0.249*** (3.49)	0.247*** (3.48)	0.154** (2.04)	0.255*** (3.45)	0.193** (2.44)	0.189** (2.41)
观测值	462	462	462	462	462	462	462	462
调整的 R²	0.290	0.288	0.221	0.234	0.320	0.332	0.252	0.236
F 统计量的 P 值	0.000	0.000	0.000	0.000	0.000	0.000	0.000	0.000

注：括号中的数字为变量的 T 值，*，** 和*** 分别表示 10%，5%和 1%的显著性水平。

6.4.2 对假说 2 的检验

从表 6.5 可知，询价机构投资者的参与数量及申购倍数与个人投资者情绪均在 1% 的显著性水平下正相关，说明询价机构投资者观察到个体投资者的乐观情绪后，会提高自身新股参与的热度。这是因为个人投资者情绪越乐观，二级市场上的 IPO 价格可能越会被推向高位，机构投资者持股风险越低且再售期权的收益会增加，因此询价机构投资者会积极参与 IPO 的申购。但询价机构投资者的报价调整（算术平均数调整和加权平均数调整）虽然与个人投资者情绪呈正相关关系，但并不显著。对此有两个合理的解释：第一，理性的询价机构投资者也可能不会激进报价。因为询价机构虽然观察到个人投资者的情绪，对申购新股的再售期权价值抱有信心，但如果盲目地对 IPO 公司报高价，可能会造成二级市场价格低于发行价的情形，承销商需要采取价格稳定措施，这对建立与承销商的长期合作关系带来负面影响；同时，询价机构投资者由于报价远高于基本价值对自身声誉也造成一定的负面影响。第二，个体投资者情绪可能部分反映到了市场情绪中，因为市场情绪与询价机构投资者的报价调整在 1% 的显著性水平下正相关。总体上，研究结果佐证了假说 2。

表 6.5　　　　　　询价机构投资者观察到个人投资者情绪

	inquiryN	sgbs	admv	adwmv
常数项	3.102 *** (4.93)	6.301 *** (6.68)	-0.671 ** (2.44)	-0.439 * (-1.75)
rsenti	0.165 *** (5.59)	0.237 *** (5.37)	0.007 (0.55)	0.006 (0.48)
size	0.027 (0.98)	-0.175 *** (-4.24)	-0.015 (-1.26)	-0.024 ** (-2.17)
age	-0.024 (-0.42)	0.021 (0.24)	-0.019 (-0.75)	-0.029 (-1.29)

	inquiryN	*sgbs*	*admv*	*adwmv*
local	− 0.291 *** (− 3.54)	− 0.013 (− 0.10)	0.012 (0.35)	0.020 (0.60)
EPS	− 0.297 *** (− 4.47)	− 0.503 *** (− 5.06)	− 0.088 *** (− 3.04)	− 0.082 *** (− 3.12)
underrep	0.050 (1.17)	− 0.117 * (− 1.85)	0.038 ** (2.05)	0.033 ** (1.99)
senti	0.113 ** (2.52)	− 0.070 (− 1.05)	0.062 *** (3.19)	0.053 *** (2.97)
观测值	462	462	462	462
调整的 R^2	0.194	0.184	0.051	0.064
F 统计量的 P 值	0.000	0.000	0.000	0.000

注：括号中的数字为变量的 T 值，*，** 和 *** 分别表示 10%，5% 和 1% 的显著性水平。

6.5　本章小结

本章以网络自媒体东方财富网旗下的"股吧"中个人投资者发帖内容为对象构建个人投资者情绪指标，对网络媒体环境下机构投资者和个人投资者在 IPO 过程中的互动行为展开实证研究，以全面理解机构与个人投资者的投资决策行为。研究发现，个体投资者能够观察到询价机构投资者的申购及报价行为，并效仿询价机构投资者的行为，采取跟随策略，充分说明询价机构投资者的行为能够指导个体投资者的决策，也说明在 IPO 过程中询价机构投资者具有信息优势，而个体投资者处在信息劣势的位置；询价机构投资者能够观察到个体投资者的情绪，并将个体投资者的情绪纳入到申购及报价过程中，以获取自身最大化的利益。

基于本章的结论，我们认为在 IPO 发行过程为提高发行效率应从三个方面着手：第一，大力发展机构投资者。在成熟证券市场中，机构投资者往往占据了市场中绝大部分份额。尤其在 IPO 过程中，机构投资者一般被认为是专业的资金管理者，他们的专业及信息搜集和处理能力使得他们能够充分挖掘 IPO 公司的基本价值，同时雄厚的资金也为他们提供了深入调研的基础和承担巨大风险的能力。因此，机构投资者的参与和竞争能够提高 IPO 的定价效率。第二，培育个人投资者的理性。面对个体投资者强烈的乐观情绪，询价机构投资者可能会出现利益短视行为，降低 IPO 定价效率，最终损害个人投资者利益。因此，加强个人投资者对 IPO 公司财务报表的学习，引导个人投资者参与新股询价，逐渐在个人投资者中形成理性投资的氛围。第三，强化 IPO 公司的信息披露机制，IPO 公司真实、客观、准确的信息披露才是投资者尤其是个人投资者认识和熟悉公司真正的基础。因此，监管部门应保证 IPO 公司提供充分且精确的信息披露和风险提示。

第7章 结　　论

依据信息经济学和行为金融学理论，本书首先结合我国询价制的特征，在询价阶段通过构建模型在理性预期均衡框架下求解网络媒体环境下一级市场 IPO 发行价的均衡解。从理论上说明网络媒体信息影响 IPO 定价的内在机制；接着以百度新闻搜索作为网络媒体新闻数据的来源，实证检验了询价阶段网络媒体报道量及报道倾向对 IPO 发行价的影响，并引入询价机构投资者深入探究其申购及报价行为在该影响中发挥的传导作用；然后实证检验了网络媒体报道量及报道倾向对 IPO 首日回报的影响，并依次探究上市前的个人投资者及上市首日个人投资者行为在该影响中发挥的作用；最后，以网络自媒体"股吧"中个人投资者发帖内容为对象构建个人投资者情绪指标，对询价机构投资者和个人投资者在 IPO 过程中的互动行为展开实证研究，以全面理解机构与个人投资者的投资决策行为。通过这些研究，旨在深入理解网络媒体影响 IPO 发行及定价效率的微观机制，同时也为新常态背景下研究网络媒体与 IPO 价格行为关系做出部分基础性工作。

7.1　主要结论

通过上述研究，得出以下主要结论：

1. 将网络媒体信息所包含的 IPO 公司的价值变化量看作随机变量，

市场参与者采用贝叶斯法则更新信念，在理性预期均衡框架下求解网络媒体环境下一级市场 IPO 发行价的均衡解。均衡的 IPO 发行价格包含四个部分：承销商及机构投资者的先验估计、承销商的私人信息、询价机构投资者的私人信息及网络媒体报道所传达的信息。从 IPO 发行价调整的均衡表达式可以知道，IPO 发行价调整与询价机构投资者的私人信息与网络媒体报道信息正相关。因此，如果询价机构投资者"看好" IPO 公司或者网络媒体非负面报道越多，IPO 发行价向上调整幅度越大；如果询价机构投资者"看淡" IPO 公司或者网络媒体负面报道越多，IPO 发行价向下调整幅度越大。网络媒体的信息传播和信息生产功能为承销商及询价机构投资者的决策提供信息支持，同时网络媒体的公司治理作用也能对 IPO 发行起到监督作用。

2. 以百度新闻搜索作为网络媒体新闻数据的来源，实证研究询价阶段网络媒体报道量及报道倾向对 IPO 发行价的影响，并引入机构投资者（询价机构）探究其参与申购及报价行为所发挥的作用，证实了"媒体信息—投资者行为—资产价格"的微观机理。本书发现，网络媒体的非负面报道能够提高 IPO 发行价，即 IPO 发行价相对于投资价值进行了向上的调整，而负面报道导致了 IPO 发行价进行向下的调整。网络媒体的这种对 IPO 发行价的作用效果主要通过询价机构投资者的参与和报价行为得以体现，即网络媒体的非负面报道能够提高询价机构投资者的参与热度和报价竞争程度，而负面报道却减弱了询价机构的参与热度并降低了他们的报价竞争程度。承销商通过询价过程了解到询价机构投资者的参与热度和观察到他们报价的竞争情况，之后才相应做出调整。这种作用机理表明，网络媒体的信息传播中介、信息生产作用及监督治理功能使得他们成为投资者决策的重要参考依据。因此，建立媒体自律机制，净化媒体报道环境，真正发挥出媒体减少信息不对称及做市场"看门狗"的作用。

3. 以百度新闻搜索作为网络媒体新闻数据的来源，实证研究两个阶段的网络媒体报道量及报道倾向对 IPO 首日回报的影响，并引入个人投资者探究其在 IPO 上市前参与申购行为和 IPO 上市首日买卖交易行为在该影响中扮演的角色，同样证实了"媒体信息—投资者行为—资产价格"的微观机理。不管是初步询价截止日前一个月与至网上申购截止日的网络媒体报道还是初步询价截止日至上市前一日的网络媒体报道，均与 IPO 首日回报正相关，且这种正相关关系主要是通过网络媒体的非负面报道引起的。网络媒体的非负面报道能够显著提高 IPO 首日回报，而负面报道虽导致了 IPO 首日回报降低，但并不显著。网络媒体的这种对 IPO 首日回报的作用效果主要通过个人投资者事前（IPO 上市前）参与和事后（IPO 上市后）买卖交易行为得以体现，即网络媒体的非负面报道能够提高个人投资者的事前申购情绪和事后买卖踊跃程度，而负面报道却减弱了个人投资者的参与热度并降低了他们的买卖踊跃程度。

4. 以网络自媒体东方财富网旗下的"股吧"中个人投资者发帖内容为对象构建个人投资者情绪指标，对网络媒体环境下机构投资者和个人投资者在 IPO 过程中的互动行为展开实证研究，以全面理解机构与个人投资者的投资决策行为。网络媒体的互动性使得个人投资者的观点、情绪和信念得以充分的表达和展示，机构投资者能够观察到个人投资者的这些心理因素进而在询价过程中做出对自己有利的行为。而个人投资者能够观察到询价机构在询价过程中的行为表现从而调整自己的行为方式。笔者发现，个人投资者能够观察到询价机构投资者的申购及报价行为，并学习模仿询价机构投资者的行为，采取跟随策略，充分说明询价机构投资者的行为能够指导个体投资者的决策，也说明在 IPO 过程中询价机构投资者具有信息优势，而个体投资者处在信息劣势的位置；询价机构投资者能够观察到个体投资者的情绪，并将个体投资者的情绪纳入到申购及报价过程中，以获取自身最大化的利益。

7.2 不足与展望

依据信息经济学和行为金融学理论，探讨了网络媒体环境下投资者行为与 IPO 定价的关系。尽管做了大量的工作，但仍有较多可进一步深入研究和完善之处。

1. 研究数据的进一步完善。在研究网络媒体报道时，虽然区分了报道基调，但只是汇总了每一类别的数量，比如负面报道数量或非负面报道数量。事实上，即使同一类别的报道，其报道方式也可能存在较大的区别。同为负面报道，但报道的深度可能不一样，有些报道为简要报道，有些为深度报道。即便同是深度报道，也可区分为分析性报道（即不仅对事件的时间、地点有所交代，而且对事件的来龙去脉进行了剖析）与追踪性报道。因此，对网络媒体报道的细化需要进一步的展开研究。

在研究个人投资者交易数据时，仅仅用到了换手率指标，虽然在中国特定的询价背景下，换手率不失为衡量个人投资者交易行为的优良指标，但可以从稳健性考虑找到一些其他更为直接的衡量指标。其中，个人交易账户是最直接和最有效的指标，但因为具体交易账户数据受严格保密，并不能轻易获得。另外利用高频数据构建订单不平衡率指标也能大致体现个人投资者的交易，随着计算机技术的发展，学者已开始利用高频数据进行相关的研究。但苦于数据的可得性，本书并没能就此展开讨论，这为下一步工作指出了方向。

2. 研究方法的进一步改进。在研究 IPO 过程中询价机构投资者与个人投资者的互动行为时，虽然实证检验了两者之间的互动行为，但若上升到理论高度，需要建模分析，而博弈论将发挥重大作用，利用演化博弈来分析询价机构投资者与个人投资者之间的学习互动行为不

失为一个好的研究领域。令人遗憾的是，笔者受到知识的局限，虽然
试图利用博弈论知识分析询价机构及个人机构投资者的互动行为，但
无法求解出均衡结果，且表达式的经济学含义不好解释。相信随着博
弈论知识的不断积累，未来这一方向会取得进展。

参 考 文 献

[1] 于李胜，王艳艳. 信息竞争性披露、投资者注意力与信息传播效率 [J]. 金融研究，2010，55 (8)：112 –135.

[2] 于忠泊，田高良，张咏梅. 媒体关注、制度环境与盈余信息市场反应 [J]. 会计研究，2012，(9)：40 –51.

[3] 王建新，饶育蕾，彭叠峰. 什么导致了股票收益的"媒体效应"：预期关注还是未预期关注？ [J]. 系统工程理论与实践，2015，35 (1)：37 –48.

[4] 牛枫，叶勇. 媒体报道影响中小板公司 IPO 抑价吗？[J]. 当代财经，2015，(2)：76 –84.

[5] 丹尼尔. 卡尼曼. 不确定状况下的判断：启发式和偏差[M]. 北京：中国人民大学出版社，2008：38 –56.

[6] 方军雄. 信息公开、治理环境与媒体异化——基于 IPO 有偿沉默的初步发现 [J]. 管理世界，2014，(11)：95 –104.

[7] 孔东民，刘莎莎，应千伟. 公司行为中的媒体角色：激浊扬清还是推波助澜？[J]. 管理世界，2013，(7)：145 –162.

[8] 权小锋，吴世农. 投资者关注、盈余公告效应与管理层公告择机 [J]. 金融研究，2010，55 (11)：90 –107.

[9] 刘志远，郑凯，何亚南. 询价对象之间是竞争还是合谋——基于 IPO 网下配售特征的分析 [J]. 证券市场导报，2011，(3)：35 –44.

[10] 刘维奇，刘新新. 个人和机构投资者情绪与股票收益——基

于上证 A 股市场的研究 [J]. 管理科学学报, 2014, 17 (3): 70-87.

[11] 刘锋, 叶强, 李一军. 媒体关注与投资者关注对股票收益的交互作用: 基于中国金融股的实证研究 [J]. 管理科学学报, 2014, 17 (1): 72-85.

[12] 江洪波. 基于非有效市场的 A 股 IPO 价格行为分析 [J]. 金融研究, 2007, (8): 90-102.

[13] 杨继东. 媒体影响了投资者行为吗? ——基于文献的一个思考 [J]. 金融研究, 2007, (11): 93-102.

[14] 李小晗, 朱红军. 投资者有限关注与信息解读 [J]. 金融研究, 2011, (8): 128-142.

[15] 李小晗, 张鸣. 投资者注意力和应计异象 [J]. 中国会计与财务研究, 2011, (2): 108-195.

[16] 李心丹, 王冀宁, 傅浩. 中国个体证券投资者交易行为的实证研究 [J]. 经济研究, 2002, (11): 54-63.

[17] 李冬昕, 李心丹, 俞红海. 询价机构报价中的意见分歧与 IPO 定价机制研究 [J]. 经济研究, 2014, (7): 151-164.

[18] 李明, 叶勇, 张瑛. 媒体报道能提高公司的透明度吗? ——基于中国上市公司的经验证据 [J]. 财经论丛, 2014, (6): 82-87.

[19] 李培功, 沈艺峰. 媒体的公司治理作用: 中国的经验证据 [J]. 经济研究, 2010, (4): 14-27.

[20] 李培功, 徐淑美. 媒体的公司治理作用——共识与分歧[J]. 金融研究, 2013, (4): 196-206.

[21] 李培功. 媒体报道偏差的经济学分析 [J]. 经济学动态, 2013, (4): 145-152.

[22] 余佩琨, 李志文, 王玉涛. 机构投资者能跑赢个人投资者吗?[J]. 金融研究, 2009, (8): 147-157.

[23] 余峰燕, 郝项超, 梁琪. 媒体重复信息行为影响了资产价格吗?[J]. 经济研究, 2012, 10 (8): 139-152.

[24] 邹富 . 基金业绩、投资者有限注意力与基金申购 [J]. 上海金融，2012，(12)：63 - 69.

[25] 应千伟，罗党论，孔东民 . 投资者关注度、机构持股与股票收益——基于百度指数的新证据 [J]. 金融学季刊，2014，8 (2)：74 - 94.

[26] 汪宜霞，张辉 . 卖空限制、意见分歧与 IPO 溢价 [J]. 管理学报，2009，(6)：1204 - 1208.

[27] 沈征，肖志超 . 基于媒体驱动的异质投资者交易行为分析 [J]. 商业研究，2014 (3)：55 - 61.

[28] 宋双杰，曹晖，杨坤 . 投资者关注与 IPO 异象——来自网络搜索量的经验证据 [J]. 经济研究，2011，(1)：145 - 155.

[29] 张小成，黄少安，周永生 . 不同发行机制下 IPO 抑价比较研究 [J]. 中国管理科学，2012，20 (6)：35 - 42.

[30] 张子健，张帮正 . 首次公开发行、盈余稳健性与投资者交易行为 [J]. 证券市场导报，2015，(3)：32 - 39.

[31] 张宗新，王海亮 . 投资者情绪、主观信念调整与市场波动 [J]. 金融研究，2013，(4)：142 - 155.

[32] 张建勇，葛少静，赵经纬 . 媒体报道与投资效率 [J]. 会计研究，2014，(10)：59 - 66.

[33] 张谊浩，李元，苏中锋，张泽林 . 网络搜索能预测股票市场吗？[J]. 金融研究，2014，(2)：193 - 206.

[34] 张维，翟晓鹏，邹高峰，熊熊 . 市场情绪、投资者关注与 IPO 破发 [J]. 管理评论，2015，27 (6)：160 - 167.

[35] 张雅慧，万迪昉，付雷鸣 . 股票收益的媒体效应：风险补偿还是过度关注弱势 [J]. 金融研究，2011，(8)：143 - 156.

[36] 张雅慧，万迪昉，付雷鸣 . 基于投资者关注的媒体报道影响投资行为的实验研究 [J]. 系统工程，2012，30 (10)：19 - 35.

[37] 张雅慧，万迪昉，付雷鸣 . 媒体报道与 IPO 绩效：信息不对称还是投资者情绪？——基于创业板上市公司的研究 [J]. 证券市场导

报，2012，（1）：70－77.

[38] 陈鹏程，周孝华. 私人信息、公共信息与 IPO 发行价调整[J]. 金融经济学研究，2015，（1）：86－95.

[39] 邵新建，巫和懋，李泽广. 中国 IPO 上市首日的超高换手率之谜 [J]. 金融研究，2011，（7）：122－137.

[40] 林振兴，网络讨论、投资者情绪与 IPO 抑价 [J]. 山西财经大学学报，2011，（2）：23－29.

[41] 罗进辉，杜兴强. 媒体报道、制度环境与股价崩盘风险[J]. 会计研究，2014，（9）：53－59.

[42] 罗进辉，蔡地. 媒体报道能够提高股价的信息含量吗？[J]. 投资研究，2013，32（5）：38－53.

[43] 罗伯特·席勒. 非理性繁荣 [M]. 北京：中国人民大学出版社，2007：112－113.

[44] 金雪军，祝宇，杨晓兰. 网络媒体对股票市场的影响——以东方财富网股吧为例的实证研究 [J]. 新闻与传播研究，2013，（12）：36－51.

[45] 周孝华，姜婷，董耀武. 两阶段询价制下的 IPO 价格形成与需求隐藏研究 [J]. 系统工程学报，2013，28（2）：187－193.

[46] 周孝华，熊维勤，孟卫东. IPO 询价中的最优报价策略与净抑价 [J]. 管理科学学报，2009，12（4）：129－134.

[47] 郑志刚. 法律外制度的公司治理角色——一个文献综述[J]. 管理世界，2007，（9）：136－147.

[48] 胡援成，管超. 媒体关注对 IPO 抑价影响路径探究——基于创业板的经验证据 [J]. 商业经济与管理，2014，（4）：83－91.

[49] 俞庆进，张兵. 投资者有限关注与股票收益——以百度指数作为关注度的一项实证研究 [J]. 金融研究，2012，（8）：152－165.

[50] 俞红海，刘烨，李心丹. 询价制度改革与中国股市 IPO "三高" 问题——基于网下机构投资者报价视角的研究 [J]. 金融研究，2013，（10）：167－180.

[51] 饶育蕾,彭叠峰,成大超.公众注意力是否引起股票的异常收益?——来自中国股票市场的经验证据 [J].系统工程理论与实践,2010,(2):287-297.

[52] 姜婷.新股询价配给规则与 IPO 价格形成的进化博弈分析 [J].中国管理科学,2014,22 (6):41-47.

[53] 贾春新,赵宇,孙萌.投资者有限关注与限售股解禁 [J].金融研究,2010,(11):108-122.

[54] 徐浩峰,侯宇.信息透明度与散户的交易选择——基于深圳交易所上市公司的实证研究 [J].金融研究,2012:180-192.

[55] 黄俊,陈信元.媒体报道与 IPO 抑价——来自创业板的经验证据 [J].管理科学学报,2013,16 (2):83-94.

[56] 黄辉.媒体负面报道、市场反应与企业绩效 [J].中国软科学,2013,(8):104-116.

[57] 董大勇,肖作平.证券信息交流家乡偏误及其对股票价格的影响:来自股票论坛的证据 [J].管理世界,2011,(1):52-61.

[58] 游家兴,吴静.沉默的螺旋:媒体情绪与资产误定价 [J].经济研究,2012,(7):141-152.

[59] 游家兴,郑建鑫.媒体情绪、框架依赖偏差与 IPO 异象——基于议程设置理论的研究视角 [J].投资研究,2013,(12):68-84.

[60] 裴平,张谊浩.中国股票投资者认知偏差的实证研究 [J].管理世界,2004,(4):60-69.

[61] 谭伟强.我国股市盈余公告的"周历效应"与"集中公告效应"研究 [J].金融研究,2008,(2):152-167.

[62] 熊艳,李常青,魏志华.媒体报道与 IPO 定价效率:基于信息不对称与行为金融视角 [J].世界经济,2014,(5):135-160.

[63] 熊艳,李常青,魏志华.媒体"轰动效应":传导机制、经济后果与声誉惩戒——基于"霸王事件"的案例研究 [J].管理世界,2011,(10):125-140.

［64］ 醋卫华, 李培功. 媒体监督公司治理的实证研究 ［J］. 南开管理评论, 2012, 15 （1）: 33 - 42.

［65］ 薛有志, 吴超, 周杰. 代理成本、信息不对称与 IPO 前媒体报道 ［J］. 管理科学, 2014, （5）: 80 - 90.

［66］ Aggarwal P. , Krigman L. , Womack K. Strategic IPO Underpricing, Information Momentum, and Lockup Expiration Selling ［J］. Journal of Financial Economics, 2002, 66 （1）: 105 - 137.

［67］ Allen F. , Gale D. Comparing Financial Systems ［M］. 2001, MIT Press. 11 - 12.

［68］ Amihud Y. Illiquidity and stock returns: cross - section and time-series effects ［J］. Journal of financial markets, 2002, 5 （1）: 31 - 56.

［69］ Anderson S. P. , McLaren J. Media mergers and media bias with rational consumers ［J］. Journal of the European Economic Association, 2012, 10 （4）: 831 - 859.

［70］ Antweiler W. , Frank M. Z. Is all that talk just noise? The information content of internet stock message boards ［J］. The Journal of Finance, 2004, 59 （3）: 1259 - 1294.

［71］ Bajo E. , Raimondo C. Media sentiment and the pricing of IPOs ［J］. Available at SSRN 2531373, 2014. http: //papers. ssrn. com/sol3/papers. cfm? abstract_ id = 2531373.

［72］ Barber B. M. , Odean T. All that glitters: The effect of attention and news on the buying behavior of individual and institutional investors ［J］. Review of Financial Studies, 2008, 21 （2）: 785 - 818.

［73］ Baron D. P. Persistent media bias ［J］. Journal of Public Economics, 2006, 90 （1）: 1 - 36.

［74］ Becker G. S. , Murphy K. M. A simple theory of advertising as a good or bad ［J］. The Quarterly Journal of Economics, 1993, 108 （4）: 941 - 964.

[75] Bennouri M. , Falconieri S. Optimal auctions with asymmetrically informed bidders [J]. Economic Theory, 2006, 28 (3): 585 – 602.

[76] Benveniste L. M. , Spindt P. A. How investment bankers determine the offer price and allocation of new issues [J]. Journal of Financial Economics, 1989, 24 (2): 343 – 361.

[77] Benveniste L. M. , Wilhelm W. J. A comparative analysis of IPO proceeds under alternative regulatory environments [J]. Journal of Financial Economics, 1990, 28 (1): 173 – 207.

[78] Berkman H. , Koch P. D. , Tuttle L. , et al. Paying attention: overnight returns and the hidden cost of buying at the open [J]. Journal of Financial and Quantitative Analysis, 2012, 47 (4): 715 – 741.

[79] Besley T. , Burgess R. The Political Economy of Government Responsiveness: Theory and Evidence From India [J]. The Quarterly Journal of Economics, 2002, 117 (4): 1415 – 1451.

[80] Besley T. , Prat A. Handcuffs for the grabbing hand? The role of the media in political accountability [J] . American Economic Review, 2006, 96 (3): 720 – 736.

[81] Bhattacharya U. , Galpin N. , Ray R. , et al. The role of the media in the internet IPO bubble [J]. Journal of Financial and Quantitative Analysis, 2009, 44 (03): 657 – 682.

[82] Bollen J. , Mao H. , Zeng X. Twitter mood predicts the stock market [J]. Journal of Computational Science, 2011, 2 (1): 1 – 8.

[83] Chan W. S. Stock price reaction to news and no-news: drift and reversal after headlines [J] . Journal of Financial Economics, 2003, 70 (2): 223 – 260.

[84] Chan Y. C. How does retail sentiment affect IPO returns? Evidence from the internet bubble period [J]. International Review of Economics & Finance, 2014, 29 (1): 235 – 248.

[85] Chan Y. C. Retail trading and IPO returns in the aftermarket [J]. Financial Management, 2010, 39 (4): 1475 – 1495.

[86] Chen C. W. , Pantzalis C. , Park J. C. Press coverage and stock price deviation from fundamental value [J]. Journal of Financial Research, 2013, 36 (2): 175 – 214.

[87] Cook D. O. , Kieschnick R, Van Ness R A. On the marketing of IPOs [J]. Journal of Financial Economics, 2006, 82 (1): 35 – 61.

[88] Cornelli F. , Goldreich D. , Ljungqvist A. Investor sentiment and pre-IPO markets [J]. The Journal of Finance, 2006, 61 (3): 1187 – 1216.

[89] Corwin S. A. , Coughenour J. F. Limited attention and the allocation of effort in securities trading [J]. The Journal of Finance, 2008, 63 (6): 3031 – 3067.

[90] Coval J. D. , Moskowitz T. J. Home bias at home: Local equity preference in domestic portfolios [J]. Journal of finance, 1999, 46 (1): 2045 – 2073.

[91] Coval J. D. , Moskowitz T. J. The geography of investment: Informed trading and asset prices [J]. Journal of Political Economy, 2001, 55 (1): 811 – 841.

[92] Da Z. , Engelberg J. , Gao P. In Search of Attention [J]. The Journal of Finance, 2011, 66 (5): 1461 – 1499.

[93] Deephouse D. L. Media reputation as a strategic resource: An integration of mass communication and resource – based theories [J]. Journal of management, 2000, 26 (6): 1091 – 1112.

[94] De Leon F. L. L. , Rizzi R. A Test for the Rational Ignorance Hypothesis: Evidence from a Natural Experiment in Brazil [J]. American Economic Journal: Economic Policy, 2014, 6 (4): 380 – 398.

[95] De Long J. B. , Shleifer A. , Summers L. H. , et al. Noise trader risk in financial markets [J]. Journal of political Economy, 1990, (2):

703 – 738.

[96] Derrien F. IPO pricing in "hot" market conditions: Who leaves money on the table? [J]. The Journal of Finance, 2005, 60 (1): 487 – 521.

[97] Ding R. , Hou W. Retail investor attention and stock liquidity [J]. Journal of International Financial Markets, Institutions and Money, 2015, 37: 12 – 26.

[98] Dorn D. Does sentiment drive the retail demand for IPOs? [J]. Journal of Financial and Quantitative Analysis, 2009, 44 (01): 85 – 108.

[99] Drake M. S. , Roulstone D. T. , Thornock J. R. Investor information demand: Evidence from Google searches around earnings announcements [J]. Journal of Accounting Research, 2012, 50 (4): 1001 – 1040.

[100] Dyck A. , Morse A. , Zingales L. Who blows the whistle on corporate fraud? [J]. The Journal of Finance, 2010, 65 (6): 2213 – 2253.

[101] Dyck A. , Volchkova N. , Zingales L. The Corporate Governance Role of the Media: Evidence from Russia [J]. Journal of Finance, 2008, 63 (3): 1093 – 1135.

[102] Dyck A. , Zingales L. The Corporate Governance Role of the Media [J]. Access & Download Statistics, 2002, 63 (3): 1093 – 1135.

[103] Dyck A. , Zingales L. The media and asset prices [R]. Working Paper, Harvard Business School, 2003.

[104] Easley D. , O'hara M. Information and the cost of capital [J]. The Journal of Finance, 2004, 59 (4): 1553 – 1583.

[105] Edelen R. M. , Kadlec G. B. Issuer Surplus and the Partial Adjustment of IPO Prices to Public Information [J]. Journal of Financial Economic, 2005, 77 (6): 347 – 373.

[106] Ellman M. , Germano F. What do the papers sell? a model of advertising and media bias [J] . The Economic Journal, 2009, 119 (537): 680 – 704.

［107］［108］Fang L. , Peress J. Media Coverage and the Cross – section of Stock Returns ［J］. The Journal of Finance, 2009, 64（5）: 2023 – 2052.

［109］Farrell K. A. , Whidbee D. A. Monitoring by the financial press and forced CEO turnover ［J］. Journal of Banking & Finance, 2002, 26（12）: 2249 – 2276.

［110］Frankel R. , Li X. Characteristics of a firm's information environment and the information asymmetry between insiders and outsiders ［J］. Journal of Accounting and Economics, 2004, 37（2）: 229 – 259.

［111］Gal-Or E. The Impact of Advertising on Media Bias ［J］. Journal of Marketing Research, 2012, 49（1）: 92 – 99.

［112］Gentzkow M. , Glaeser E. L. , Goldin C. The rise of the fourth estate. How newspapers became informative and why it mattered ［M］ Corruption and Reform: Lessons from America's Economic History. University of Chicago Press, 2006: 187 – 230.

［113］Gentzkow M. , Shapiro J. M. Competition and Truth in the Market for News ［J］. The Journal of Economic Perspectives, 2008: 133 – 154.

［114］Gentzkow M. , Shapiro J. Media bias and reputation ［J］. Journal of Political Economy, 2006, 114: 280 – 316.

［115］Gouldey B. K. Uncertain demand, heterogeneous expectations, and unintentional IPO underpricing ［J］. Financial Review, 2006, 41（1）: 33 – 54.

［116］Groseclose T. , Milyo J. A measure of media bias ［J］. The Quarterly Journal of Economics, 2005: 1191 – 1237.

［117］Gurun U. G. , Butler A. W. Don't believe the hype: Local media slant, local advertising, and firm value ［J］. The Journal of Finance, 2012, 67（2）: 561 – 598.

［118］Hanley K. , Hoberg G. The Information Content of IPO Prospectuses [J]. Review of Financial Studies, 2010, 23 (7): 2821 – 2864.

[119] Hanley K. W. The underpricing of initial public offerings and the partial adjustment phenomenon [J]. Journal of financial economics, 1993, 34 (2): 231 – 250.

[120] Hirshleifer D., Lim S. S., Teoh S. H. Limited investor attention and stock market misreactions to accounting information [J]. Review of Asset Pricing Studies, 2011, 5 (7): 1 – 48.

[121] Ho B., Taher M., Lee R., et al. Market sentiment, media hype and the underpricing of initial public offerings: The case of Australian technology IPOs [J]. UNSW School of Accounting Working Paper, 2001. http: //papers. ssrn. com/sol3/papers. cfm? abstract_ id = 281333.

[122] Hong H., Kubik J. D., Stein J. C. Social interaction and stock-market participation [J]. The journal of finance, 2004, 59 (1): 137 – 163.

[123] Hong H., Stein J. C., Yu J. Simple forecasts and paradigm shifts [J]. The Journal of Finance, 2007, 62 (3): 1207 – 1242.

[124] Hou K., Xiong W., Peng L. A tale of two anomalies: The implications of investor attention for price and earnings momentum [J]. working paper, 2009. http: //papers. ssrn. com/sol13/papers. cfm? abstract_ id = 976394.

[125] Huberman G., Regev T. Contagious speculation and a cure for cancer: A nonevent that made stock prices soar [J]. Journal of Finance, 2001: 387 – 396.

[126] Jang W. Y. Media exposure or media hype: Evidence from initial public offering stocks in Taiwan [J]. Journal of Media Economics, 2007, 20 (4): 259 – 287.

[127] Joe J. R., Louis H., Robinson D. Managers' and investors' responses to media exposure of board ineffectiveness [J]. Journal of Financial

and Quantitative Analysis, 2009, 44 (03): 579 –605.

[128] Johnson W. C. , Marietta – Westberg J. The effect of news on volatility: a study of IPOs [J]. working paper , 2004. http: //papers. ssrn. com/sol3/papers. cfm? abstract_ id =556786.

[129] Klibanoff P. , Lamont O. , Wizman T. A. Investor Reaction to Salient News in Closed-End Country Funds [J]. The Journal of Finance, 1998, 53 (2): 673 –699.

[130] Kothari S. P. , Shu S. , Wysocki P. D. Do managers withhold bad news? [J]. Journal of Accounting Research, 2009, 47 (1): 241 –276.

[131] Leite T. E. , Bakke E. , Thorburn K. S. Partial Adjustment to Public Information in IPO Pricing: Theory and Tests [C]. AFA 2013 San Diego Meetings Paper. 2013. http: //papers. ssrn. com/sol3/Papers. cfm? abstract_ id =2021802.

[132] Li Jiang, Gao Li. Investor Sentiment and IPO Pricing During Pre-market and Aftermarket Periods : Evidence from Hong Kong [J]. Pacific-Basin Finance Journal, 2013, (23): 65 –82.

[133] Liu B. , McConnell J. J. The role of the media in corporate governance: Do the media influence managers'capital allocation decisions? [J]. Journal of Financial Economics, 2013, 110 (1): 1 –17.

[134] Liu L. X. , Sherman A. E. , Zhang Y. An Attention Model of IPO Underpricing: With Evidence on Media Coverage [R]. Technical Report. DePaul University, 2014.

[135] Liu L. X. , Sherman A. E. , Zhang Y. The long – run role of the media: evidence from initial public offerings [J]. Management Science, 2014, 60 (8): 1945 –1964.

[136] Ljungqvist A. , Nanda V. , Singh R. Hot Markets, Investor Sentiment, and IPO Pricing [J]. The Journal of Business, 2006, 79 (4): 1667 – 1702.

[137] Ljungqvist A. P, Wilhelm W. J. IPO allocations: discriminatory or discretionary? [J]. Journal of Financial Economics, 2002, 65 (2): 167 – 201.

[138] Lou D. Attracting investor attention through advertising [J]. Review of Financial Studies, 2014, 7: 1 – 47.

[139] Loughran T. , Ritter J. R. Why Don't Issuers Get Upset about Leaving Money on the Table in IPO [J]. Journal of Financial Studies, 2002, 15 (1): 413 – 443.

[140] Malemendier U. Tare. G. Superstar CEO [J]. Quanerly Journal of Economics, 2009, 124: 1593 – 1638.

[141] Merton R. C. A simple model of capital market equilibrium with incomplete information [J]. The journal of finance, 1987, 42 (3): 483 – 510.

[142] Miller E. M. Risk, uncertainty, and divergence of opinion [J]. The Journal of Finance, 1977, 32 (4): 1151 – 1168.

[143] Miller G. S. The press as a watchdog for accounting fraud [J]. Journal of Accounting Research, 2006, 44 (5): 1001 – 1033.

[144] Mitchell M. L. , Mulherin J. H. The impact of public information on the stock market [J]. Journal of finance, 1994: 923 – 950.

[145] Morris S. , Shin H. S. Social value of public information [J]. The American Economic Review, 2002, 92 (5): 1521 – 1534.

[146] Mullainathan S. , Shleifer A. The market for news [J]. American Economic Review, 2005: 1031 – 1053.

[147] Noelle-Neumann E. The spiral of silence a theory of public opinion [J]. Journal of communication, 1974, 24 (2): 43 – 51.

[148] Peng L. Learning with information capacity constraints [J]. Journal of Financial and Quantitative Analysis, 2005, 40 (02): 307 – 329.

[149] Peng L. , Xiong W. Investor attention, overconfidence and category learning [J]. Journal of Financial Economics, 2006, 80 (3): 563 –

602.

[150] Peress J. Media coverage and investors' attention to earnings announcements [J]. Manuscript submitted for publication, 2008. http://www. researchgate. net/publication/228588929_ Media_ coverage_ and_ investors%27_ attention_ to_ earnings_ announcements.

[151] Pollock T. G. , Rindova V. P. , Maggitti P. G. Market Watch: Information and Availability Cascades among the Media and Investors in the US IPO Market [J]. Academy of Management Journal, 2008, 51 (2): 335 – 358.

[152] Pollock T. G. , Rindova V. P. Media legitimation effects in the market for initial public offerings [J]. Academy of Management Journal, 2003, 46 (5): 631 – 642.

[153] Rhodes-Kropf M. , Robinson D. T. , Viswanathan S. Valuation waves and merger activity: The empirical evidence [J]. Journal of Financial Economics, 2005, 77 (3): 561 – 603.

[154] Shen Z. , You J. Driving the Presence of Investor Sentiment: the Role of Media Coverage in IPOs [J]. workingpaper. 2015. http://www. ef-maefm. org/0EFMAMEETINGS/EFMA% 20ANNUAL% 20MEETINGS/2015 – Amsterdam/papers/EFMA2015_ 0370_ fullpaper. pdf.

[155] Sherman A. E. , Titman S. Building the IPO order book: underpricing and participation limits with costly information [J]. Journal of Financial Economics, 2002, 65 (1): 3 – 29.

[156] Simon H. A. Designing organizations for an information – rich world [J]. Computers, communication, and the public interest, 1971, 37: 40 – 41.

[157] Soroka S. N. Good news and bad news: Asymmetric responses to economic information [J]. Journal of Politics, 2006, 68 (2): 372 – 385.

[158] Tetlock P. C. Giving content to investor sentiment: The role of

media in the stock market ［J］. The Journal of Finance, 2007, 62 (3): 1139 – 1168.

［159］ Tetlock P. C. , Saar-Tsechansky M. , Macskassy S. More Than Words: Quantifying Language to Measure Firms' Fundamentals ［J］. Social Science Electronic Publishing, 2007, 63 (3): 1437 – 1467.

［160］ Vega C. Stock price reaction to public and private information ［J］. Journal of Financial Economics, 2006, 82 (1): 103 – 133.

［161］ Veldkamp L. L. Information markets and the comovement of asset prices ［J］. The Review of Economic Studies, 2006, 73 (3): 823 – 845.

［162］ Veldkamp L. L. Media frenzies in markets for financial information ［J］. The American economic review, 2006: 577 – 601.

［163］ Yuan Y. Attention and trading ［J］. Working Paper. University of Pennsylvania, 2008. http: //course. shufe. edu. cn/jpkc/jcjx/zyff/doc/tl01. pdf.

［164］ Zhang F. Information precision and IPO pricing ［J］. Journal of Corporate Finance, 2012, 18 (2): 331 – 348.

［165］ Zyglidopoulos S. C. , Georgiadis A. P. , Carroll C. E. , Siegel D. Does media attention drive corporate social responsibility? ［J］. Journal of Business Research, 2012, 65 (11): 1622 – 1627.

后　记

　　本书从选题到完成经历了近两年的时间，这期间无不凝集了导师的心血、家人的关怀、朋友的鼓励和自己的智慧和汗水。想起自己三年多的博士生涯，在学习、家庭和工作的三重压力下，有过迷茫，有过失望，曾为看不懂、写不出论文而切齿拊心；曾为看不清前方的道路而心灰意冷，也曾为亏欠妻子太多而无地自容，但更多的是收获，收获"自助者天助之，自弃者天弃之"的理念；收获导师做学问的严谨；收获家庭港湾的温馨；收获艰难中朋友的真情。这些收获使我有勇气在人至中年之际顺利完成学业，在博士论文收笔之时百感交集，心中油然升腾感恩的热流。

　　首先要感谢导师周孝华教授的知遇之恩，将在穷乡僻壤工作的我招入门下。三年多来，周老师严谨的治学态度、诲人不倦的师表风范和乐观豁达的人生态度让我敬仰并成为今后我人生处世哲学。还清晰地记得，刚进校时导师详细地向我说明做研究的方法，为我指明了研究的方向，严格意义上，周老师才是我的学术引路人。同样还清晰地记得，在我家庭遇到苦难时，导师对我的真诚关怀。就博士论文来说，恩师从博士论文选题、论文的研究思路和采用的方法都给予悉心指导。恩师的谆谆教诲，让我没齿难忘。

　　还要感谢给我授课的刘星教授、蒲勇健教授、曹国华教授、张荣教授、康继军教授等，他们渊博的知识是我今后学术道理上的给养、他们挑战学术前沿的决心是我学术前进的动力；感谢同门黄成节博士、姬新龙博士、宋庆阳博士、陈九生博士、高春亭博士、朱特红师妹、孙川师弟以及其他的师门，他们的朝气蓬勃和青春活力为我的博士生活带来不少乐趣；同时也感谢郑月龙、周继祥、谢会强、蒋水泉、王雷等同窗好友，与他们谈天论地、分享学术和生活中的喜怒哀乐，每每使我能放下沉重的思想负担，他们给予的帮助让我受益良多，这份同学情、朋友谊终生难忘。

最后要特别向我的家人献上我最由衷的谢意和最崇高的敬意。特别感谢我的妻子冉岚女士，她省吃俭用，辛苦操持这个家，使我无后顾之忧地全身心地投入到学习中；她任劳任怨，容忍我的笨重和暴躁，伴我渡过人生的低谷；同时，感谢我的爸爸、岳父岳母和哥嫂，你们的鼓励帮助和无私付出帮我渡过生命中一个又一个难关。

陈鹏程

二〇一五年九月于重庆大学